首都圏版㉘ **最新入試に対応！　家庭学習に最適の問題集!!**

筑波大学附属小学校

JN046693

2025年度版 過去問題集

2023～2024年度 実施試験 計2年分収録

問題集の効果的な使い方

①学習を始める前に、まずは保護者の方が「入試問題」の傾向や、どの程度難しいか把握をします。すべての「アドバイス」にも目を通してください。
②各分野の学習を先に行い、基礎学力を養いましょう！
③力が付いてきたと思ったら「過去問題」にチャレンジ！
④お子さまの得意・苦手がわかったら、その分野の学習を進め、全体的なレベルアップを図りましょう！

厳選! 合格必携 問題集セット

記憶	お話の記憶問題集　－上級編－
図形	筑波大学附属小学校 図形攻略問題集①②
図形	筑波大学附属小学校 分野強化問題集図形トライ
制作	実践 ゆびさきトレーニング①②③
面接	保護者のための入試面接最強マニュアル

日本学習図書 ニチガク

ニチガク式学習支援!!　　日本学習図書（ニチガク）

こんなこと…ありませんか？

「ニチガクの問題集…買ったはいいけど、、、
この問題の教え方がわからない（汗）」

メールでお悩み解決します！

- ☆ ホームページ内の専用フォームで必要事項を入力！
- ☆ 教え方に困っているニチガクの問題を教えてください！
- ☆ 確認終了後、具体的な指導方法をメールでご返信！
- ☆ 全国どこでも！スマホでも！ぜひご活用ください！

＜質問回答例＞

推理分野の学習では、後の学習に活きる思考力を養うことができます。ご家庭で指導する場合にも、テクニックにたよらず、保護者の方が先に基本的な考え方を理解した上で、お子さまによく考えさせることを大切にして指導してください。

Q.「お子さまによく考えさせることを大切にして指導してください」と学習のポイントにありますが、考える習慣をつけさせるためには、具体的にどのようにしたらいいですか？

A. お子さまが考える時間を持てるように、質問の仕方と、タイミングに工夫をしてみてください。
たとえば、「答えはあっているけど、どうやってその答えを見つけたの」「答えは○○なんだけど、どうしてだと思う？」という感じです。
はじめのうちは、「必ず30秒考えてから手を動かす」などのルールを決める方法もおすすめです。

まずは、ホームページへアクセスしてください!!

https://www.nichigaku.jp　日本学習図書　検索

家庭学習ガイド
筑波大学附属小学校

入試情報

応 募 者 数：男子 1,849 名　女子 1,615 名
出 題 形 態：ペーパー、制作、運動、口頭試問
面　　　接：なし（保護者作文あり）
出 題 領 域：ペーパー（お話の記憶、図形）、制作、運動、行動観察、口頭試問

入試対策

2024 年度の考査（第二次）は、12 月 15 日～ 17 日の間に行われました。試験時間は全体で 60 分程度でした。当校の入学考査の特徴の 1 つは、ペーパーテストが標準よりも難しいことです。「お話の記憶」は少し短くなったとは言え、標準よりは長文でストーリーが複雑、なおかつ標準よりも問題の読み上げスピードも速いなど、小学校入試としてはかなり難しいレベルのものです。また、制作の問題は指示を覚え、素早く正確に作業する必要のある出題となっており、考査の内容も超難関校に相応しいものと言えるでしょう。過去の出題を把握し、例年、必ず出される課題はできるようにしておきましょう。「運動」「行動観察」「口頭試問」の内容は、変化がなくそれほど難しいものではありませんが、指示に従うことはもちろん、待機時の姿勢などの細かな指示を守れるかどうかも観られます。なお、2016 年度より、保護者の方に作文が課されています。お子さまの教育についての考えをまとめ、作文の基本についておさらいしておくとよいでしょう。

●制作の問題では、はじめに出される指示を聞き逃さないこと、テキパキと作業を進めることが大切です。
●第一次選考（抽選）の通過率は 40%前後。通過すると第二次選考（ペーパーテストなど）に進みます。
●生年月日別のA、B、Cのグループごとに別日程で試験が行われます。出題はグループごとに異なります。

出題分野一覧表

	ペーパーテスト	その他
2024年度	記憶：お話の記憶 図形：重ね図形、回転図形、 鏡図形	運動：クマ歩き、 制作、行動観察、口頭試問
2023年度	記憶：お話の記憶 図形：四方観察、回転・展開、回転図形、 運筆	運動：クマ歩き、模倣体操 制作、行動観察、口頭試問
2022年度	記憶：お話の記憶 図形：図形の構成、回転・展開、回転図形、 図形分割、合成	運動：クマ歩き 制作、行動観察、口頭試問

「筑波大学附属小学校」について

＜合格のためのアドバイス＞

当校は日本最古の国立小学校であり、伝統ある教育研究機関の附属校として、意欲的かつ充実した教育を行っています。第一次選考の抽選の後、第二次選考で**口頭試問**、**ペーパーテスト**、**制作テスト**、**運動テスト**、**行動観察**を行い、男女各100名に絞られます。さらに第三次選考の抽選で入学予定者男女各64名が決定します。

第二次選考は、男女を生年月日別のつのグループ（A・B・C）に分けて実施されます。問題の内容はグループによって異なりますが、出題傾向に大きな差はなく、全グループ共通の観点で試験が行われていると考えられます。

口頭試問は、行動観察の後、立ったまま、一人に対して１～２つの質問をする形で行われました。質問の内容は「誰と来たか」「好きな〇〇」「今朝のごはん」など身近で答えやすい話題が多いため、回答までの時間、態度、言葉遣いなどが観られています。

ペーパーテストは、**お話の記憶**と**図形**が出題され、例年の傾向通りでした。

お話の記憶は、近年、少し短くなってきたものの、他校に比べ長く複雑であることと、服装、色、季節など、細かい描写を問う設問があることに変更はありません。お話を聞き記憶する力は、読み聞かせを繰り返すことで培われます。積み重ねを大切にしてください。

図形は、図形の構成を中心に回転図形、展開、分割なども出題されています。幅広く問題に取り組んで学力を付けることと同時に、たくさんの問題を見ても焦らないよう、制限時間内に多くの問題を解く能力も身に付けておきましょう。

制作テストでも、グループごとに違う課題が出されましたが、紙をちぎる、ひもを結ぶ、のりやテープなどで貼り合わせるといった基本的な作業は共通しています。ペーパーテストと同様、時間が短く、完成できない受験者も多かったそうです。普段から積極的に工作や手先を動かす作業を行い、器用さ、手早さを養いましょう。また、指示がしっかり聞けているか、取り組む姿勢はどうか、後片付けはできているかなども重要なポイントになりますので、練習の際には注意してください。

運動テストは、数年連続してクマ歩きが出題されています。**行動観察**では、基本的なゲームや遊びが出題されています。協調性を観点にしたものですが、特別な対策が必要なものではありません。

当校の試験は、近年やや簡単になったとは言え、標準から見ればまだまだ難度が高い入試です。過去に出題された問題がまた出題されることも少なくないので、過去の問題を熟読し、幅広い分野の学習を進めてください。また、「問題を確実にこなす」「うっかりミスをなくす」ことを心がけ、数多くの問題に慣れておくことを強くおすすめします。

＜2024年度選考＞

◆「入試対策」の頁参照

◇過去の応募状況

2024年度	男子1,849名	女子1,615名
2023年度	男子2,048名	女子1,781名
2022年度	男子2,182名	女子1,836名

筑波大学附属小学校

過去問題集

〈はじめに〉

現在、少子化が叫ばれているにもかかわらず、私立・国立小学校の入学試験には一定の応募者があります。入試は、ただやみくもに学習するだけでは成果を得ることはできません。志望校の過去における出題傾向を研究・把握した上で、学習を進めていくこと、試験までに志願者の不得意分野を克服することが求められます。そこで、本問題集は小学校を受験される方々に、志望校の出題された問題をより分かりやすく理解して頂くために、アドバイスを記載してあります。最新のデータを含む精選された過去問題集で実力をお付けください。

また、志望校の選択には弊社発行の「**2025年度版　首都圏・東日本　国立・私立小学校　進学のてびき**」をぜひ参考になさってください。

〈本書ご使用方法〉

- ◆出題者は出題前に一度問題を通読し、出題内容などを把握した上で、〈 準 備 〉の欄に表記してあるものを用意してから始めてください。
- ◆お子さまに絵の頁を渡し、出題者が問題文を読む形式で出題してください。問題を読んだ後で、絵の頁を渡す問題もありますのでご注意ください。
- ◆「**分野**」は、問題の分野を表しています。弊社の問題集の分野に対応していますので、復習の際の目安にお役立てください。
- ◆一部の描画や工作、常識等の問題については、解答が省略されているものがあります。お子さまの答えが成り立つか、出題者が各自でご判断ください。
- ◆〈 時 間 〉につきましては、目安とお考えください。
- ◆本文右端の［〇年度］は、問題の出題年度です。［2024年度］は、「2023年の秋に行われた2024年度入学志望者向けの考査で出題された問題」という意味です。
- ◆**学習のポイント**は、指導の際にご参考にしてください。
- ◆**【おすすめ問題集】**は各問題の基礎力養成や実力アップにご使用ください。

〈本書ご使用にあたっての注意点〉

- ◆文中に**この問題の絵は縦に使用してください。**と記載してある問題の絵は縦にしてお使いください。
- ◆〈 準 備 〉の欄で、クレヨン・クーピーペンと表記してある場合は12色程度のものを、画用紙と表記してある場合は白い画用紙をご用意ください。
- ◆文中に**この問題の絵はありません。**と記載してある問題には絵の頁がありませんので、ご注意ください。なお、問題の絵の右上にある番号が連番でなくても、中央下の頁番号が連番の場合は落丁ではありません。

下記一覧表の●が付いている問題は絵がありません。

問題1	問題2	問題3	問題4	問題5	問題6	問題7	問題8	問題9	問題10
問題11	問題12	問題13	問題14	問題15	問題16	問題17	問題18	問題19	問題20
								●	●
問題21	問題22	問題23	問題24	問題25	問題26	問題27	問題28	問題29	問題30
●	●	●	●						
問題31	問題32	問題33	問題34	問題35	問題36	問題37	問題38	問題39	問題40
問題41	問題42	問題43	問題44	問題45	問題46	問題47	問題48	問題49	問題50
							●	●	●
問題51	問題52	問題53	問題54						
●	●	●	●						

㊙ 先輩ママたちの声！

◆実際に受験をされた方からのアドバイスです。
ぜひ参考にしてください。

筑波大学附属小学校

・「図形」も「お話の記憶」も問題数が多くて、時間が足りなくなりました。なるべく早くから問題集に取り組んで対策を取っておくべきです。

・上履きやスリッパは貸してもらえないので、絶対に忘れないように注意してください。滑るのでゴム底のものがおすすめです。

・子どもの試験の待機中に、保護者にも作文が課されました。指定されたテーマについて、25分程度でＡ４用紙１枚（約350字）に書くというものでした。今年はすべてのグループで同じテーマが出ました。

・試験当日に書類を忘れたり、不備のある方が目立ちました。その場で失格ということはありませんが、別に回収されます。

・私立小入試の準備を入念していたお子さまには簡単な問題だったようです。「時間が余った」と言っていたお子さまもいました。

・運動テストでクマ歩きをするので、女子のスカートは避けた方がよさそうです。前髪も邪魔になるので上げておいて方がいいでしょう。また、体育館の床が滑りやすく、転んでしまう子もいたそうですが、なるべく素早くできるように練習しておくとよいと思います。

・制作テストは内容の割に、とにかく時間が短いです。ひも結びや紙ちぎりなどを重点的に遊びの中に取り入れて練習しておくと、当日に焦らずできると思います。

・本校の子どもたちは１年中半そで・半ズボンだそうで、当日も寒い中、半そで・半ズボンのお子さまが多かったです。寒さに強い子にしておいた方がよいですね。

・ペーパーと制作はスピードが必要だと感じました。内容は基本的なものが多く、落とせない問題ばかりという印象でした。

◎学習効果を上げるため、前掲の「家庭学習ガイド」及び「合格のためのアドバイス」をお読みになり、各校が実施する入試の出題傾向を、よく把握した上で問題に取り組んでください。
※冒頭の「本書のご使用方法」「ご使用にあたっての注意点」も併せてご覧ください。

2024年度の最新入試問題

問題1　分野：お話の記憶　Aグループ男子

〈準備〉　クーピーペン５色（赤・青・黒・緑・黄）

〈問題〉　動物の学校ではもうすぐ、音楽会です。今日もみんなで音楽会の練習をします。学校のベルがカーン、カーンと２回鳴りました。学校が始まる合図です。クマくんはそのベルの音で飛び起きました。目覚まし時計が壊れていたようで、クマくんは寝坊をしてしまったのです。クマくんは急いで学校へ向かいました。その頃、サルくんたちは「クマくんが来ないと、楽器を決められないね」と困っていました。サルくんはふとクマくんの家のある町の方に目をやりました。すると、学校がある森には雪が降っていましたが、町の方は晴れています。どうやら学校がある森の中だけ、雪が降り始めていました。しばらくすると、クマくんは顔を真っ赤にして「遅れてごめんね」と言って、やって来ました。全員が揃い、担当する楽器を決めます。大きな太鼓が１番人気だったのでジャンケンをして、決めることにしました。クマくんは最初、チョキを出しました。あいこだったのでもう一度ジャンケンをすると、今度はクマくんがグーで勝ちました。ジャンケンに勝ったクマくんが大きな太鼓を演奏することになりました。ウサギさんは笛、サルくんは小さい太鼓、ネコさんはピアノ、イヌくんは鈴を演奏することになりました。演奏する楽器が決まって、さっそく練習が始まりました。練習を重ねるにつれて、みんな上手にできるようになってきましたが、サルくんだけはどうしてもリズムがズレてしまいます。それを見た先生は「４つ数えてから鳴らしてみましょう」とサルくんに教えてくれました。サルくんが先生の教えてくれた通りにやってみると、上手に太鼓を叩くことができました。音楽会当日、夏に隣町へ引っ越したキリンさんも聞きに来てくれました。みんなでおそろいの黄色いバッジをつけて演奏することになっていましたが、クマくんはバッジを忘れてしまいました。「どうしよう」と焦ったクマくんを見て、ウサギさんは花壇に咲いていた黄色い花を、クマくんの胸のポケットに入れてくれました。クマくんは「ありがとう」とウサギさんにお礼を言いました。そして、学校のベルが３回鳴って音楽会がスタートです。

（問題１の絵を渡す）
指示のないものは、黒色のクーピーペンで解答してください。
①壊れていた時計に、○をつけてください。
②クマくんが遅れてきたときの顔の色は何色ですか、その色で○の中を塗ってください。
③森の天気に青で、町の天気に赤で○をつけてください。
④１番人気だった楽器に○をつけてください。
⑤クマくんはジャンケンで何を出しましたか、１回目に出したものを青で、２回目に出したものには赤で○をつけてください。
⑥イヌくんが演奏する楽器に○をつけてください。
⑦先生が教えてくれたアドバイスはいくつ数えるものだったでしょうか、その数だけ四角に○を描いてください。
⑧ウサギさんがクマくんにあげたものに○をつけてください。
⑨演奏会が始まる合図で鳴ったベルの数だけ○を描いてください。
⑩キリンさんが引っ越した季節の絵に○をつけてください。

〈時間〉　各20秒

〈解答〉　①左端　②赤色　③右端：青○、左端：赤○　④左から２番目
⑤右から２番目：青○、左端：赤○　⑥右から２番目
⑦○：４　⑧左端　⑨○：３　⑩左から２番目

アドバイス

本校の「お話の記憶」の問題は録音された音声によって読まれます。例年通り、文章が長く、設問数も多いです。設問を見ると、人物たちの動きとは別に紹介される天気やベルが鳴った数などの細かい情報が出題されています。こうした設問も傾向通りと言えます。一度しか、読まれない情報でも集中して聞き取る力が求められています。そのため、全体の流れを覚えることができるようになったら、次は細かい情報まで覚えられるように練習することが大切です。ただし、学習し始めの注意点としては、まずは、お子さまが楽しんで物語に集中できるようにすることが大事です。初めから、あまりに、質問攻めにしすぎたり、抑揚のない音読をしすぎたりしてしまうと、お子さまは退屈やプレッシャーを感じてしまいます。そうなると自然に集中力も落ち、学習効果も下がります。工夫として、初期段階では読み聞かせの際、膝のうえにお子さまを乗せたり、抑揚をつけて読むことをおすすめします。もちろん、試験と同じような環境での練習も必要ですが、楽しい印象を与えることで自然とお子さまも物語に集中できるようになります。そうして、慣れた段階で試験のような抑揚のない状態での聞き取りや机にしっかり座って問題を解く練習をするとよいでしょう。注意点として、解答するときに使用する色が異なることがありますので、問題文を最後までしっかり聞く習慣をつけてください。

【おすすめ問題集】
１話５分の読み聞かせお話集①②、　お話の記憶 初級編・中級編・上級編、
Ｊｒ・ウォッチャー19「お話の記憶」、34「季節」、
筑波大学附属小学校 新　お話の記憶 攻略問題集

問題2　分野：お話の記憶　Aグループ女子

〈準備〉　クーピーペン５色（赤・青・黒・緑・黄）

〈問題〉　お話を聞いて後の質問に答えてください。

クマくんが朝、起きて窓をのぞいたら外は曇りでした。そこで、町へのお出かけはあきらめて図書館へ行くことにしました。クマくんは手に紫の手袋を、頭には黄色のワッペンが二つ付いた緑の帽子を、首には青いマフラーを着け出かける準備をします。最後に、お気に入りの赤いバッグを持つと、クマくんは家を後にしました。図書館へ向かう途中で、タヌキさんに会ったので一緒に図書館に行くことになりました。バス停ではネコさんに、公園ではパンダさんに会い、みんなで楽しくおしゃべりしながら、図書館へ向かいます。一緒に歩いていると、ウサギさんが川の近くで探し物をしていました。みんなは「ウサギさん、何しているの？」と聞きました。ウサギさんは「秋の虫を探しているの」と答えました。ウサギさんの周りには黄色く輝くイチョウの葉がたくさん落ちていました。ウサギさんは石をひっくり返したり、落ち葉をどかしたりして、くまなく虫を探しましたが、とうとう、見つからなかったので、ウサギさんもみんなと一緒に図書館へ行くことにしました。図書館に着くと、ネコさんは星座の本、パンダさんは車の本、クマさんは昔話の絵本、ウサギさんは鳥の絵本、タヌキさんも自分の好きな絵本を読みました。すると、どこからか泣き声が聞こえてきます。泣き声のする方に行ってみるとサルの子供が泣いていました。クマさんが「どうしたの？」と声をかけると、サルくんは「お母さんとはぐれちゃったんだ」と悲しそうに言いました。クマくんは、「サルくんのママはどんな格好をしてるの？」と聞きました、サルくんは「お母さんはピンクの洋服を着ていて、青のスカートを履いているよ」と答えました。クマくんは、迷子のお友だちがいることを図書館のカウンターに伝えにいこうとしました。その時、カウンターに向かう途中でサルくんのお母さんの服装に似ている姿を見つけて「サルくんのお母さんですか？」と声をかけると、やっぱり、それはサルくんのお母さんでした。クマくんはサルくんが迷子になっていることを伝えてあげました。クマくんはお友だちを助けることができて、とてもうれしくなりました。

家庭学習のコツ①　「先輩ママたちの声」を読みましょう！

本書冒頭の「先輩ママたちの声」には、実際に試験を経験された方の貴重なお話が掲載されています。対策学習への取り組み方だけでなく、試験場の雰囲気や会場での過ごし方、お子さまの健康管理、家庭学習の方法など、さまざまなことがらについてのアドバイスもあります。先輩ママの体験談、アドバイスに学び、ステップアップを図りましょう！

（問題２の絵を渡す）
指示のないものは、黒色のクーピーペンで解答してください。
①クマくんのマフラーは何色ですか、その色で○の中を塗ってください。
②クマくんの帽子の色は何色ですか、その色で○の中を塗ってください。
③図書館に行く途中で最初に会った動物に○をつけてください。
④バス停で会った動物に○をつけてください。
⑤図書館には何人で行きましたか、その数だけ四角の中に○を描いてください。
⑥どの動物が何を読んでいたでしょう、動物と本を線で結んでください。
⑦ウサギが探していた虫に○をつけてください。
⑧川の近くの輝いていた葉っぱに○をつけてください。
⑨図書館で迷子になっていた動物に○をつけてください。
⑩迷子のお友だちを助けた時のクマくんの顔に○をつけてください。
⑪今日の天気に○をつけてください。

〈時間〉　各20秒

〈解答〉　①青色　②緑色　③右端　④左端　⑤○：５
⑥左上：クマ、真ん中：パンダ、右端：ネコ　⑦左から２番目
⑧右端　⑨左端　⑩左から２番目　⑪右から２番目

アドバイス

文章が長く設問の数も多いのは、男子Ａと同様です。本校は、「お話の記憶」の中で常識問題を同時に問う傾向があります。この問題では「秋の虫」について問われています。このような「理科」や「季節」「マナー」といった常識について聞かれる問題は直前で知識を詰め込んでも対応は難しいと言えます。早い段階から手を打つことが大事です。そのためには、日常生活で自然と知識が身に付くような状態をつくることです。外で遊ぶにしても公園の木はどのように変化していくのか、生き物は何がいるのか。食事の場では季節の野菜や果物、土の中にできるものなのか、枝になっているものなのか、など生活の中に学習の機会は隠されています。また、家の中では図鑑を上手く活用することも一つです。図鑑は取り出しやすいところにありますでしょうか。外出して家に戻れば図鑑ですぐ確認できるという環境を整えておくとよいでしょう。体験し、図鑑から知識を広げていくことで、しっかりとした知識が根付いていきます。

【おすすめ問題集】
１話５分の読み聞かせお話集①②、お話の記憶 初級編・中級編・上級編、
Ｊｒ・ウォッチャー19「お話の記憶」、27「理科」、34「季節」、
筑波大学附属小学校 新　お話の記憶 攻略問題集

問題3　分野：お話の記憶

〈準 備〉　クーピーペン５色（赤・青・黒・緑・黄）

〈問 題〉　お話を聞いて後の質問に答えてください。

校庭の紅葉が真っ赤に染まっています。動物の学校ではもうすぐ、運動会が行われます。お友だちの中でもネズミくんとタヌキくんは足が遅く、かけっこが苦手です。キツネくん、シマウマくん、ウサギさんは足が速く、かけっこが得意です。運動会まで、あと３日になったお休みの日、タヌキくんはネズミくんを誘って、かけっこの練習をすることにしました。「ネズミくん、運動会に向けて一緒にかけっこの練習をしようよ」とタヌキくんが言うと、ネズミくんは「練習しても他の３人が速くて勝ってこないよ」と答えました。「でも、練習してみないと分からないよ。頑張ってみようよ」と言うとネズミくんも練習してくれることになりました。タヌキくんは赤い靴を履いて公園へ出かけました。公園でネズミくんに会うと、ネズミくんは緑の帽子に青い靴を履いていました。ネズミくんの靴には黄色の星のワッペンがついています。二人が練習をしているとキツネくんがやってきました。「やあ、タヌキくん、ネズミくん二人そろって、なにをしてるの？」キツネくんが二人に話しかけます。「今、運動会に向けて二人でかけっこの練習をしているところなんだよ。キツネくんはどうしてそんなに速く走れるの？」タヌキくんが聞くとキツネくんは「腕を大きく振って走れば速く走れるよ」と教えてくれました。「じゃあ、二人とも頑張ってね」と言ってキツネくんは公園を後にしました。少しすると、ウサギさんが公園にやってきました。「やあ、タヌキくんネズミくん二人で何をしてるの？」。二人はウサギさんにも、どうやったら速く走れるのか聞いてみました。すると「まっすぐ、前を見て走るといいよ」と教えてくれました。二人はくたくたになるまで練習しました。運動会当日、いよいよかけっこの本番です。タヌキくんはネズミくんの応援を受けて、一生懸命に走りました。すると、２番でゴールすることができました。途中までタヌキくんが１番だったのですが、キツネくんに抜かされてしまったのです。ウサギさんは３番、シマウマくんは４番でした。ネズミくんは「勝てないなんて言ってごめんね」とタヌキくんに謝りました。キツネくんも「タヌキくんがこんなに足が速いなんてびっくりしたよ」と言ってくれました。タヌキくんはかけっこの後、綱引きと玉入れ競走もやりました。ネズミくんは大玉転がしに参加しました。二人は運動会を思いっきり、楽しむことができました。

家庭学習のコツ②　「家庭学習ガイド」はママの味方！

問題演習を始める前に、試験の概要をまとめた「家庭学習ガイド（本書カラーページに掲載）」を読みましょう。「家庭学習ガイド」には、応募者数や試験課目の詳細のほか、学習を進める上で重要な情報が掲載されています。それらの情報で入試の傾向をつかみ、学習の方針を立ててから、対策学習を始めてください。

（問題３の絵を渡す）
指示のないものは、黒色のクーピーペンで解答してください。
①足が速い動物に○をつけてください。
②練習をした何日後が運動会でしたか、その数だけ四角に○を描いてください。
③ネズミくんの靴の色は何色ですか、その色で○の中を塗ってください。
④ネズミくんの靴についていたワッペンはどれですか、○つけてください。
⑤キツネくんは体のどの部分についてアドバイスをしましたか、○をつけてください。
⑥ウサギさんは何番目にゴールしましたか、その数だけ四角に○を描いてください。
⑦シマウマは何番目にゴールしましたか、その数だけ四角に○を描いてください。
⑧運動会でネズミくんが参加した競技に○をつけてください。
⑨運動会でタヌキくんがかけっこ以外に参加した競技に○をつけてください。
⑩お話の季節に採れる野菜はどれですか、○をつけてください。

〈時間〉　各20秒

〈解答〉　①右端　②○：３　③青色　④左端　⑤右から２番目　⑥○：３
⑦○：４　⑧左端　⑨右から２番目　⑩右から２番目

アドバイス

「お話の記憶」の攻略のためには、お子さまがストーリーをイメージする力が必要不可欠です。お話をイメージしやするする方法として、お話を読む前に、今日の出来事や過去の思い出について質問するとお話をイメージするという感覚が掴みやすくなります。例えば、「今日、朝ご飯食べた後、何したっけ？」と質問すると頭の中に映像として、自分が何をしたかを思い出そうとします。そこで、「今、頭の中で考えたみたいにお話も想像してみてね」と伝えると、お話をイメージするという感覚が分かりやすくなります。実践しやすい方法ですので、ぜひお試しください。

【おすすめ問題集】
１話５分の読み聞かせお話集①②、 お話の記憶 初級編・中級編・上級編、
Ｊｒ・ウォッチャー19「お話の記憶」、34「季節」

問題4　分野：お話の記憶　Bグループ女子

〈準備〉　クーピーペン５色（赤・青・黒・緑・黄）

〈問題〉　お話を聞いて後の質問に答えてください。

今日はチューリップが咲いて、とても良い天気です。動物たちの町では、もうすぐドッジボール大会が開催されます。タヌキくん、ウサギさん、ハクチョウさん、リスさんは青チーム、クマくんは黄色チーム、キツネくんは赤チーム、他の動物は緑チームです。ドッジボールはクマくんが強いので、タヌキくんは青チームのみんなで練習することにしました。青チームが一生懸命に練習していると、キツネくんがやってきて「そんなに頑張ってるんだったら、他のみんなも一緒に練習しようよ」と言ってくれました。それを聞いたウサギさんは「タヌキくんはどうして、そんなに頑張っているの？」と聞きました。タヌキくんは「もちろん、勝ちたいからだよ！」と答えました。ウサギさんはため息をつきながら「そんな簡単に勝てるわけないと思うけど」と言いました。タヌキくんはウサギさんに「簡単には勝てないかもしれないけど、一生懸命、練習したら勝てるかもしれないよ」と言うと、ウサギさんも張り切って練習に参加してくれました。青チームはタヌキくんを中心に作戦を立てて、いよいよ対決の日です。作戦はうまくいき、ウサギさんは３回、リスさんは２回ボールを当てることができました。しかし、クマくんのチームはやっぱり強くて、勝つことができませんでした。大会が終わってみると、青チームが２回、黄色チームが３回、赤チームが１回、緑チームが０回勝ちました。クマくんは「タヌキくんたちのチームがこんなに強くなっているなんで思わなかったよ！」と言ってくれました。それを聞いてタヌキくんはとてもうれしくなりました。ウサギさんも「クマくんには負けちゃったけど、みんなと一緒に試合ができてよかったよ」と喜んでくれました。表彰式ではクマくんにトロフィーとメダルが渡されました。タヌキくんも参加賞でドッジボールをもらいました。ドッジボール大会に参加したどの動物も「また、次の大会も参加したいな」と言って、楽しそうにしていました。

（問題４の絵を渡す）
指示のないものは、黒色のクーピーペンで解答してください。
①お話の季節はどれでしょう。季節の絵に○をつけてください。
②いくつのチームがありましたか。その数だけ丸を○を描いてください。
③１番強かったチームの色で○の中を塗ってください。
④ため息をついた顔に○をつけましょう。
⑤「簡単には勝てないよ」と言った動物に○をつけてください。
⑥タヌキくん、ウサギさん以外の青チームの動物に○をつけてください。
⑦クマくんは何回、勝ちましたか、その数だけ四角の中に○を描いてください。
⑧試合が終わった後のクマくんの表情に○をつけてください。
⑨試合が終わった後のタヌキくんの表情に○をつけてください。
⑩タヌキくんがもらったものはどんな形でしたか、○をつけてください。

〈時間〉　各20秒

〈解答〉　①左から２番目　②○：４　③黄色　④右から２番目　⑤左端
⑥右端　⑦○：３　⑧右端　⑨左から２番目　⑩左端

アドバイス

ペーパーテストで正答率だけに意識を向けるのではなく、お子さまがどういう状態で問題を解いているのかにも目を向けましょう。「姿勢」はどのような姿勢ですか。「手はお膝」で背筋をのばし、お話を聞く体勢になっているでしょうか。足はしっかり床についているでしょうか。正しい姿勢になると、自然に「問題を解くぞ」という意識が生まれます。また、絵を渡したときに、お子さまはしっかりと絵を見ているでしょうか。これは「お話の記憶」に限ったことではありません。ページをめくったら、何が載っているのかを見て、設問を聞くという習慣を身に付けるだけでも正答率は大きく変わってくるはずです。こうした、問題を解く時の姿勢やページの見方を普段から確立しておくと、緊張状態にある本番でも、日頃の力を発揮するための基盤になります。ぜひ、意識しましょう。

【おすすめ問題集】

1話5分の読み聞かせお話集①②、　お話の記憶 初級編・中級編・上級編、
Ｊｒ・ウォッチャー19「お話の記憶」、
筑波大学附属小学校 新　お話の記憶 攻略問題集

問題5　分野：お話の記憶　　Cグループ男子

〈準備〉　クーピーペン5色（赤・青・黒・緑・黄）

〈問題〉　お話を聞いて後の質問に答えてください。

明日は山登りに行く日です。サトル君はお気に入りの星マークがついた緑色のリュックに荷物をつめて、準備をしています。リュックの中には山登りで食べるアメとチョコレートを入れました。枕元にはお気に入りの青いシャツと黄色の運動靴、赤色のズボンを置いて、明日の準備はばっちりです。夜になりサトル君はいつもより早くベッドに入りました。けれども、なかなか、眠れません。山登りが楽しみでしかたがなかったからです。サトル君は頭の中いっぱいに初めて行く山がどういうものなのか想像してしまいます。「真っ赤な紅葉があるのかなあ」「ウサギとかリスとかネズミがいるのかなあ」とそうして山登りのことばかりを考えているとやっぱり、眠れませんでした。そこで、サトル君は「眠れないよ」とお母さんの所へ行くと、みかんを食べていたお父さんから、「昔から言うんだけど羊を数えるといいよ」と言われました。サトル君はもう一度、ベッドに戻って目をつぶり、羊の数を数えてみました。羊が1匹、羊が2匹――。羊を数えていると本当に頭の中に羊が浮かんできました。最初は赤い羊、次に青い羊が浮かんできて、最後に信号の色で黄色かなあと見ていたら、本当に黄色の羊でした。黄色の羊が出てきたところでサトル君はすっかり眠ってしまい、夢を見ました。夢の中では、キツネさんたちが出てきました。サトル君は明日の山登りのことについてキツネさんたちに話しました。「明日は、初めての山登りですごく楽しみなんだ」と言うとキツネさんたちは「明日は暑いから水筒を持っていくといいよ」と教えてくれました。翌朝、夢から覚めたサトル君はキツネさんたちに教えてもらった通り、水玉模様の水筒を2本持って山へ向かいました。山に登っている時はお母さんとお父さんとしりとりをしながら登りました。頂上に着くとサトルくんの住む町が見下ろせました。遠くの方には、サトルくんが登ったものよりも大きな山が4つ、その隣にはサトルくんの登った山よりも小さなものが5つ見えました。サトルくんはそれを見てお父さんに「今度は、あの高い山に登ってみたいな」と言うと「また、今度、一緒に登ろうな」と約束してくれました。

（問題５の絵を渡す）
指示のないものは、黒色のクーピーペンで解答してください。
①準備したリュックサックはどれですか、○をつけてください。
②準備したリュックサックは何色ですか、○の中をその色で塗ってください。
③リュックサックに入れたお菓子に○をつけてください。
④サトル君のお父さんが食べていたものに○をつけてください。
⑤２番目に頭に浮かんだ羊は何色でしたか、○の中をその色で塗ってください。
⑥サトルくんが夢の中で会った動物に○をつけてください。
⑦サトルくんは何人で山登りに行きましたか、その数だけ四角の中に○を描いてください。
⑧サトル君が山に持っていった水筒の絵はどれですか、正しいものに○をつけてください。
⑨サトルくんが登った山より小さな山はいくつありましたか、その数だけ四角の中に○を描いてください。
⑩サトルくんが登った山より大きな山はいくつありましたか、その数だけ四角の中に○を描いてください。。

〈時 間〉 各20秒

〈解 答〉 ①左端　②緑色　③右から２番目　④右から２番目
⑤青色　⑥左から２番目　⑦○：３　⑧右端　⑨○：５　⑩○：４

アドバイス

お話を使っての練習をする時にお子さまが話しをする時間はどのくらいあるでしょうか。読み聞かせや「お話の記憶」の問題を使っての学習をすすめる際に、ともすれば、保護者の方ばかりが話すようになってしまうという状況になることも少なくありません。しかし、そのような状態が続くと学習の効果の面から、もったいないと言えます。人間は自分の頭にあることを言葉で話すことで、しっかりと考えがまとまりますし、それはお子さまにとっても同じです。聞いたお話の内容を話すことで自分が分からないところや、ストーリーの内容もはっきりと理解できるようになります。そこで、要約したお話の内容をお子さまに話してもらう機会をしっかりとつくることで語彙力もついてきます。一回を長くする必要はありませんが、お子さまの口から話してもらうようにしましょう。もし、躓くことがあれば、その時にサポートしてあげてください。言葉かけとしては「動物が出てこなかったかな？」「ドングリを拾ったのは誰だったかな？」というように直接、答えを知らせるのではなく、思い出すきっかけを与えるような質問をするとよいでしょう。こうした、練習は自分の考えを伝える訓練にもなります。ぜひ、取り入れてみてください。

【おすすめ問題集】
１話５分の読み聞かせお話集①②、 お話の記憶 初級編・中級編・上級編、
Ｊｒ・ウォッチャー19「お話の記憶」、34「季節」、
筑波大学附属小学校 新　お話の記憶 攻略問題集

問題6　分野：お話の記憶

Cグループ女子

〈準 備〉　クーピーペン５色（赤・青・黒・緑・黄）

〈問 題〉　お話を聞いて後の質問に答えてください。

ユカさんがふと外を見ると、雪が降っていました。ユカさんが外の雪に見とれていると、後ろからおかあさんの声がしました。「ユカ、晩ご飯の用意ができたよ」。ユカさんが返事をしてテーブルにつくとシチューが並んでいました。赤いコップが置いてあるのがお母さんの席、お父さんは緑のコップ、ユカさんは黄色のコップが置かれた席に着きました。お母さんとお父さんと一緒にいただきますをして家族みんなで夕飯です。「今日は誰と遊んだの？」お父さんがユカさんに聞くと、「今日はキリンさんとイヌくん、ネコさん、パンダさんと一緒に公園で遊んだよ」とユカさんが答えました。「キリンさんとイヌくんはブランコで遊んで、ネコさんはすべり台、パンダさんは砂場で遊んだよ」ユカさんはお友だちと遊んだことをお父さんに話しました。ご飯を食べて眠たくなったユカさんは歯磨きをして、ベッドに入りました。ユカさんはすぐに眠ってしまい、夢を見始めました。夢の中でユカさんはお友だちのキリンさん、イヌくんと一緒に図書館へ行って絵本を読んでいます。ユカさんが読んでいた絵本はペンギンくんたちと一緒に南極で冒険をするというものでした。ユカさんが絵本を読みながら、「ペンギンくんに会ってみたいな、私も一緒に冒険してみたいな」と思っていると、目の前に突然ペンギンくんが現れました。周りも先ほどまで、図書館にいたはずなのに氷に囲まれています。ユカさんが驚いているとペンギンくんがユカさんの手を引きました。ユカさんとペンギンくんはシロクマくんに会ったり、周りの氷でつくったカキ氷を食べたりしました。ユカさんが「今度は、他のお友だちとも一緒にいろんなところを探検したいな」と言うと、ペンギンくんは「それはいいね、今度は氷のお城へ連れて行ってあげるよ、夕焼けの時はお城が真っ赤に輝くんだよ」と言ってくれました。それを聞いて、ユカさんはとても嬉しい気持ちになりました。ユカさんが目を覚ますと、お母さんが焼いているお魚の匂いがしました。ユカさんはさっそく、夢のこと話したくなり、お母さんがいる台所へ向かいました。

家庭学習のコツ③　「家庭学習ガイド」はママの味方！

問題演習を始める前に、試験の概要をまとめた「家庭学習ガイド（本書カラーページに掲載）」を読みましょう。「家庭学習ガイド」には、応募者数や試験課目の詳細のほか、学習を進める上で重要な情報が掲載されています。それらの情報で入試の傾向をつかみ、学習の方針を立ててから、対策学習を始めてください。

（問題６の絵を渡す）
指示のないものは、黒色のクーピーペンで解答してください。
①お話の季節に○をつけてください。
②ユカさんが晩ご飯に食べたものは何ですか、○をつけてください。
③ユカさんのお友だちは公園に何人いましたか、その数だけ○を描いてください。
④すべり台で遊んだ動物に、○をつけてください。
⑤お父さんのコップは何色ですか、その色で○の中を塗ってください。
⑥夢の中で図書館に行ったのは何人ですか、その数だけ○を描いてください。
⑦ユカさんと一緒に図書館に行ったお友だちは誰ですか、○をつけてください。
⑧ユカさんがペンギンさんと食べたのは何ですか、○をつけてください。
⑨夢の中で会ったペンギンさん以外の動物はどれですか、○をつけてください。
⑩夕焼けが見える時、氷のお城は何色になりますか、その色で○の中を塗ってください。

〈時間〉　各20秒

〈解答〉　①左端　②右端　③○：４
④右から２番目　⑤緑色　⑥○：２　⑦左端　⑧左から２番目
⑨左端　⑩赤色

アドバイス

細かい情報の聞きとりや季節、色といった設問にある程度、対応できるようになれば、本番に近い形で練習を行ってみましょう。お話を止めずに、通しで取り組むことで難易度は上がりますが、まずは本番に近い問題に慣れることが大切ですので、少しずつ取り組んでみましょう。その際に、当然うまくいかないこともあります。そこで、出来なかった原因を把握することが大事です。お話が長すぎるのか、指示が聞き取れていないのか、回答の仕方に問題があったのか、原因はさまざまです。通しでの練習は早すぎると決めるのではなく、一つひとつの出来なかった原因に向き合いましょう。出来なかった部分へは個別の対応をし、再度、全体を通して問題に取り組むことで実力が上がっていくです。

【おすすめ問題集】
１話５分の読み聞かせお話集①②、　お話の記憶 初級編・中級編・上級編、
Ｊｒ・ウォッチャー19「お話の記憶」、34「季節」、
筑波大学附属小学校 新　お話の記憶 攻略問題集

問題7　分野：重ね図形　Aグループ男子

〈準備〉　クーピーペン5色（赤・青・黒・緑・黄）

〈問題〉　この問題は、黒色のクーピーペンを使ってください。左上の太い枠の中の絵を見てください。このお手本のように矢印の向きに折って重ねたとき、黒いマスに重なって消えずに残る○を右側のマスの中に描いてください。

〈時間〉　3分

〈解答〉　下図参照

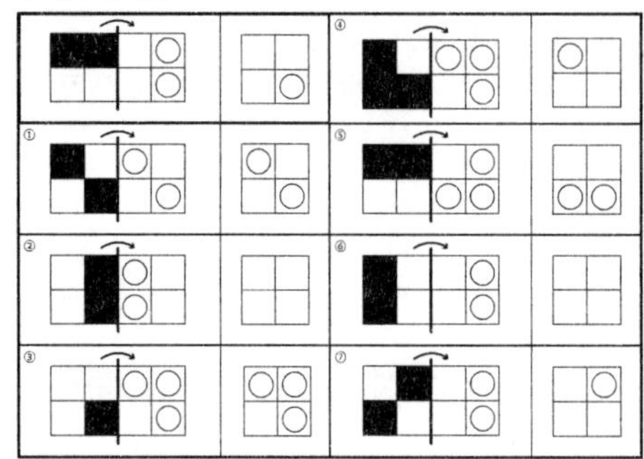

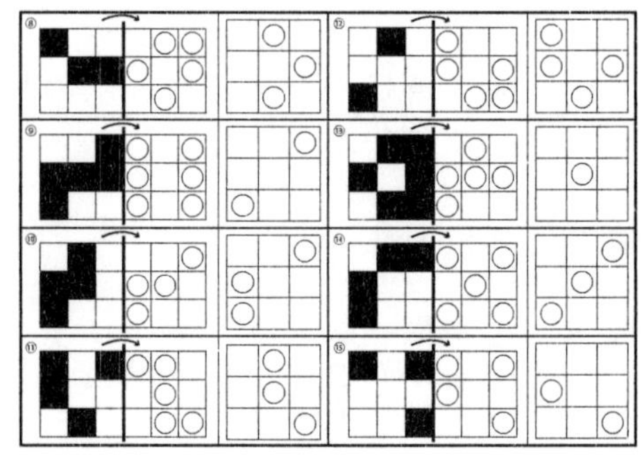

アドバイス

こうした回転させて重ねるというような問題は、最初は時間がかかったとしても、実際にやってみるということが重要です。自分でやってみることで、徐々に頭の中でイメージができるようになってきます。ですから、クリアファイルなどを使ってみるのもおすすめです。この問題の場合は、左の図形をクリアファイルに写したものを実際に回転させ、右の図形に重ねるというようにして使います。手間は、かかりますが後になればなるほど、こうした手間によってつくられてきた基礎的な想像力が活きていきますし、問題を解くうえでの、スピードアップにもつながります。

【おすすめ問題集】

Ｊｒ・ウォッチャー5「回転・展開」、35「重ね図形」、46「回転図形」
筑波大学附属小学校 図形攻略問題集①②

家庭学習のコツ④　効果的な学習方法～問題集を通読する

過去問題集を始めるにあたり、いきなり問題に取り組んではいませんか？　それでは本書を有効活用しているとは言えません。まず、保護者の方が、すべてを一通り読み、当校の傾向、ポイント、問題のアドバイスを頭に入れてください。そうすることにより、保護者の方の指導力がアップします。また、日常生活のさまざまなことから、保護者の方自身が「作問」することができるようになっていきます。

問題8　分野：図形　Aグループ女子

〈準備〉　クーピーペン5色（赤・青・黒・緑・黄）

〈問題〉　この問題は、黒色のクーピーペンを使ってください。左上の太い枠の中の絵を見てください。このお手本のように左側の四角を矢印の向きに一度だけ倒します。その向きのまま、右の四角に重ねた時に、黒いマスに隠れずに残る○を右のマスに描いてください。

〈時間〉　3分

〈解答〉　下図参照

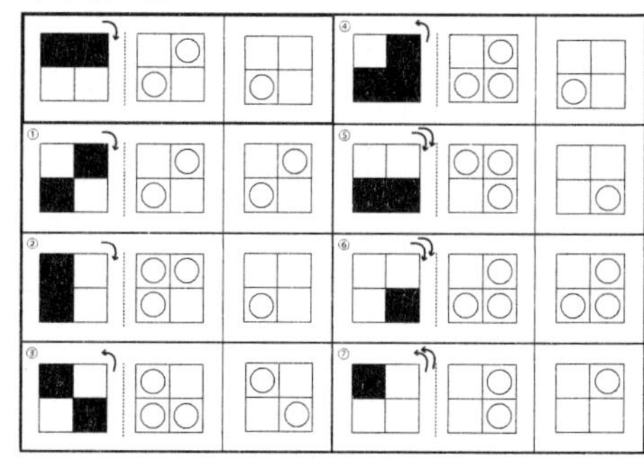

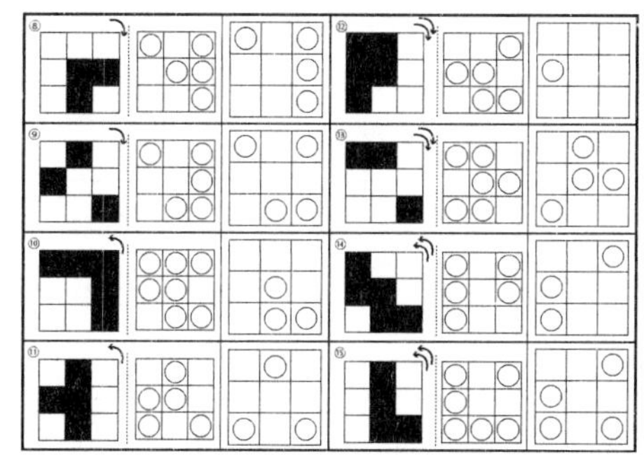

アドバイス

問題7と似ていますが今度は回転させて考えるパターンの問題になっています。この問題も問題7と同じく実際に目の前で行うとよいでしょう。また、回転図形の場合は最初のとりかかりとしては、回転させる時に声に出して回転させるとお子さまが回転の意識がしやすくなります。1回、回転させると「コロン」と口に出し、2回、回転させる時は「コロン、コロン」と口に出して言ってみてください、きっとお子さまはイメージがしやすくなるはずです。回転させると、模様がどのように変化するのかを知り、慣れきたら、何も言わなくても頭の中で図形のイメージが掴めるようになってきます。

【おすすめ問題集】

Ｊｒ・ウォッチャー35「重ね図形」、46「回転図形」
筑波大学附属小学校　図形攻略問題集①②、
筑波大学附属小学校　図形分野問題集(3) 回転図形編・(5) 重ね図形編

問題9　分野：図形

Bグループ男子

〈準 備〉　クーピーペン５色（赤・青・黒・緑・黄）

〈問 題〉　この問題は、黒色のクーピーペンを使ってください。左上の太い枠の中の絵を見てください。このお手本のように四角を真ん中の線で折ったとき、白い丸は右側の四角のどの位置にきますか、○をつけてください。

〈時 間〉　３分

〈解 答〉　下図参照

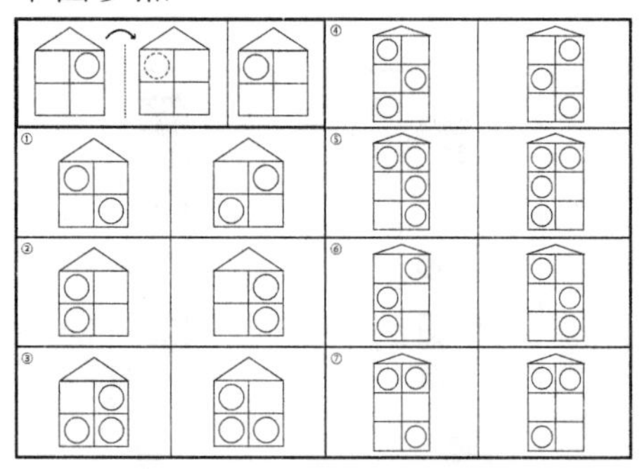

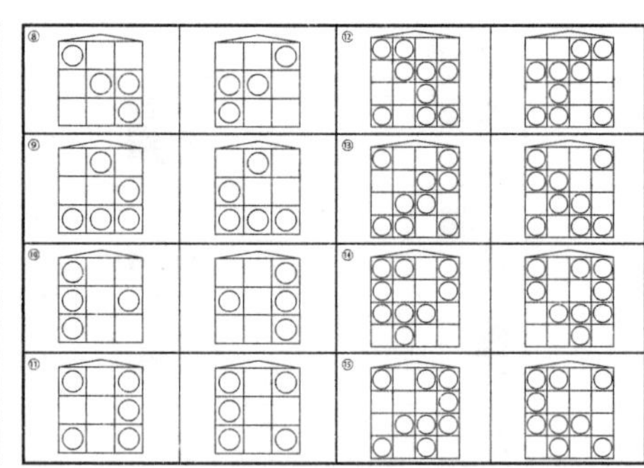

アドバイス

問題７と同じ問題です。回転図形または、鏡図形の問題とも言えます。図形の問題はまず、実際に具体物でやってみることで、基礎力がついてきます。右の手を鏡に映すと左手と同じように映ります。実際に目の前で見せることで左右が逆になることを理解させましょう。全てを一度に把握するのは難しいですから、指さしをしながら、一つひとつの○の位置を確認していきましょう。また、図形の問題は切り取っておき方向を変えれば、別の問題として利用できます。正解できた問題をとっておいて、向きを変えて練習してみるのもおすすめです。

【おすすめ問題集】

Ｊｒ・ウォッチャー35「重ね図形」、46「回転図形」、48「鏡図形」、
筑波大学附属小学校 図形分野問題集（5）重ね図形編

問題10 分野：図形

〈準備〉 クーピーペン５色（赤・青・黒・緑・黄）

〈問題〉 この問題は、黒色のクーピーペンを使ってください。左上の太い枠の中の絵を見てください。このお手本のように、左の形を矢印の向きに倒すとマスの模様はどうなりますか、右のマスの中に描いてください。

〈時間〉 ３分

〈解答〉 下図参照

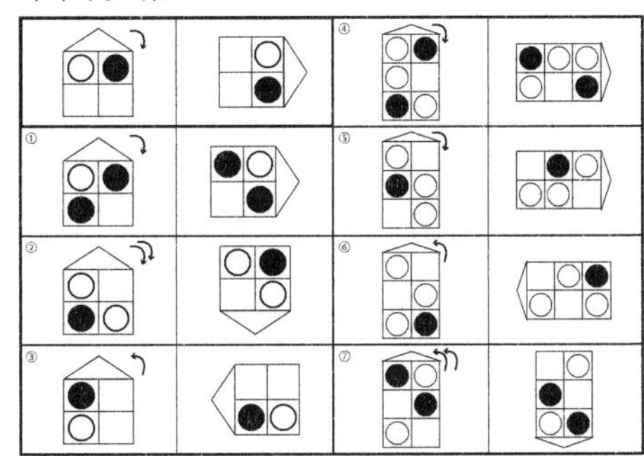

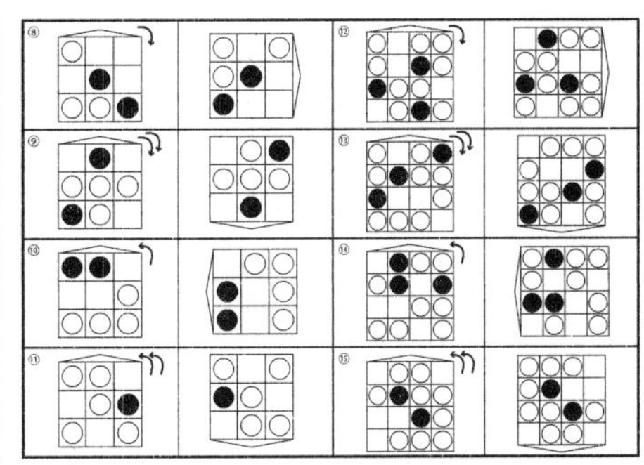

アドバイス

○のそれぞれの位置関係を把握する問題です。この位置関係を理解させるには、例えば三角形の底辺のところに色をつけて回転させます。そうするとどのように外の枠の形が動いたのか理解できます。次は中の模様の移動を考えさせます。そのように色を使って視覚的に分かりやすくしてみることで理解がしやすくなります。一度、仕組みが分かれば、問題を解くうえでのスピードアップにもつながります。特に、本校の図形問題は解答に速さが求められますので、こうした法則の理解と反復練習をすることで素早く解けるようになるとよいでしょう。

【おすすめ問題集】

Ｊｒ・ウォッチャー5「回転・展開」、46「回転図形」、
筑波大学附属小学校 図形分野問題集（5）重ね図形編

問題11　分野：回転図形　　**Cグループ男子**

〈準 備〉　クーピーペン５色（赤・青・黒・緑・黄）

〈問 題〉　この問題は、黒色のクーピーペンを使ってください。左上の太い枠の中の絵を見てください。二つの絵を重ねると〇の位置はお手本のようになります。このお手本のように、右の絵の空いているところに〇を書いてください。

〈時 間〉　３分

〈解 答〉　下図参照

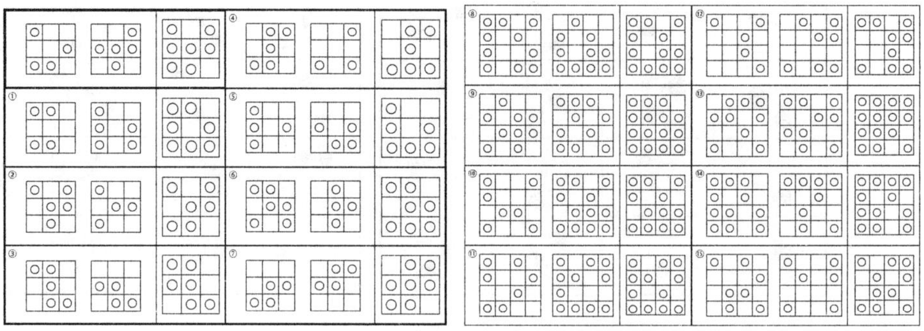

アドバイス

問題11は解答でペンを使って描く量が非常に多いです。幼児はまだ、指や手の大きさが発達段階ですのでペンを使って描く作業は大人が思う以上に難しいものです。さらに、この問題の場合、〇を描く量が多いため頭ではわかっていても描く時に、場所を間違えるということが起きやすくなります。ですのでこうした問題への対策としては、問題10でも述べたような、お約束を決めておくということが描く場合にも有効です。また、ペンを使うことに壁があるようであれば、まずは指さきに力を入れる練習からしてみましょう。粘土をこねたり、雑巾をしぼるということで指さきに力を入れる練習になります。できなくても、あせらずにできることからスモールステップで練習しましょう。

【おすすめ問題集】
　Ｊｒ・ウォッチャー5「回転・展開」、46「回転図形」
　筑波大学附属小学校 図形攻略問題集①②

問題12　分野：図形

Cグループ女子

〈準備〉　クーピーペン７色（橙・紫・黒・緑・赤・青・黄）

〈問題〉　この問題は、黒色のクーピーペンを使ってください。左上の太い枠の中の絵を見てください。二つの絵を重ねた時、○と×が重なる場所は図が消え、○がついている見本のようになります。①から⑮も同じように正しいものを○で囲んでください。

〈時間〉　３分

〈解答〉　下図参照

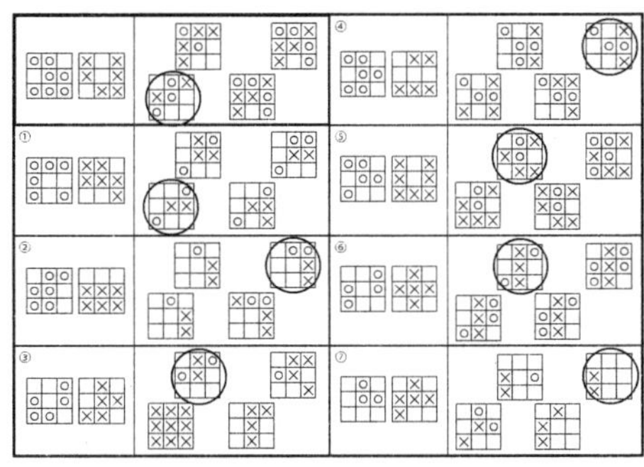

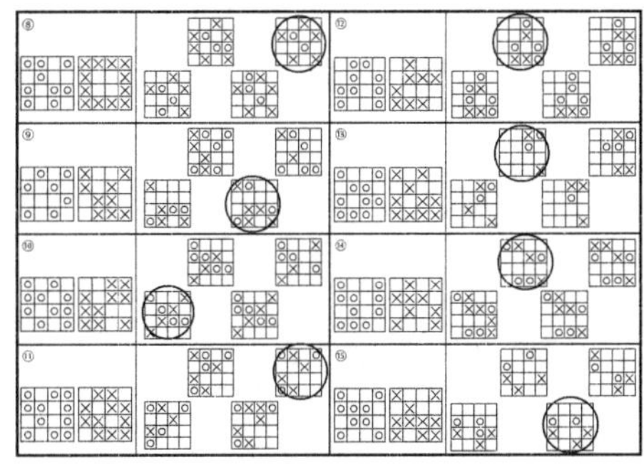

アドバイス

４×４のマスも多くあり、スピード感を持って解くことが重要になります。解く速さを上げていくにはやはり、一定の量をこなしていく必要があります。問題に慣れると加速度的に理解や解き終わるまでの時間が短縮されていきます。また、どの位のペースで進めていくかを考えることも重要です。あまり、詰め込んでやるよりは一定のペースで継続していくことが大切です。学習に間隔がありすぎると、効果が薄まってしまいますから一回の時間は少なくとも、できるだけ日を開けずに練習をしていくことが肝要です。

【おすすめ問題集】

Ｊｒ・ウォッチャー5「回転・展開」、46「回転図形」

筑波大学附属小学校　図形攻略問題集①②

問題13　分野：制作　Aグループ男子

〈準備〉　顔と点線が描かれた画用紙（Ａ４サイズ）、水色の折り紙、黄色の折り紙、クーピーペン５色（赤・青・黒・緑・黄）、スティックのり、綴じひも

〈問題〉　これから「なみだくん」を作ってもらいます。
①左上の左の目になる内側の○を黒で塗り、外側の○をちぎります。
②手でちぎった目の裏側にのりをつけて、右目のとなりに貼ります。
③絵が描いてある画用紙の実線を谷折り、点線を山折りにします。
④折った部分にある太線をちぎってください。
⑤ちぎった太線のところに黄色の折り紙をはさんでください。星マークにのりをつけて折り紙をくっつけましょう。
⑥左目の下に水色の折り紙をのりで貼りましょう。
⑦画用紙の穴にひもを通して、蝶結びをして完成です。

〈時間〉　15分
〈解答〉　省略

アドバイス

2024年は映像で制作の工程が説明されました。ここで、注意が必要なのは、一つひとつの工程ごとに説明があるのではなく、一度に全ての流れが説明されるということです。練習をする際に、試験を受ける時はそうした状況であるということを念頭に置いて行うようにしましょう。また、この問題では例年、出題されるようなちぎり、塗る、折るといった基本的な要素がしっかりと含まれているので、できなかったとしても復習して確実にこなせるようになるとよいでしょう。注意点としては、折るという動作で、紙の厚さがどのようなものでも対応できるように練習されることをおすすめします。「折る」ことがうまくいなかい場合はしっかりと重さをかけて折り目を付けるということができていないことが多いです。１回、折るごとに重さをかけて折り目をつけることで改善されるはずです。「ちぎり」は左右の指をくっつけてちぎると、意図しないところが破けてしまうのを防げます。また、試験は制作する上での、全体を観られますので終わった後のゴミの片付けまで普段からの習慣にしましょう。

【おすすめ問題集】
実践ゆびさきトレーニング①②③、筑波大学附属小学校 工作攻略問題集
Jr・ウォッチャー23「切る・貼る・塗る」、24「絵画」

問題14　分野：制作　　Aグループ女子

〈準備〉　二重丸と点線が描かれた画用紙（Ａ４サイズ）、折り紙、
クーピーペン５色（赤・青・黒・緑・黄）、スティックのり、丸シール、
綴じひも

〈問題〉　これから「オリンピックのカード」を作ってもらいます。
①上の二つの○に重ならないように、○の間に線を描きましょう。色は左上から青色、真ん中が黒、右上が赤です。下は左が黄色、右が緑です。
②台紙を半分に折って、黒い太い線のところを手でちぎりましょう。
③点線のところを折って、飛び出すような形にしましょう。
④水色のＶの形の紙の裏側にのりをつけて、飛び出したところの正面に貼りましょう。
⑤台紙の左の穴にひもを通して蝶結びをして完成です。

〈時間〉　15分

〈解答〉　省略

アドバイス

課題全体としては、そこまで難しいものではありません。ただ、色を分けてなぞる必要がある点、間違わないように注意が必要になります。また、平面から立体物をつくるという作業なので、普段の学習でそうした練習をしておくことをおすすめします。真ん中の太線をちぎる部分では、両方の線を同じ長さだけちぎらなければ、上手く立体になりません。２枚重なっている紙でもまっすぐ決まった長さにちぎれるように練習しておくことです。ちぎりのコツとしてはしっかりと両手で持って少しずつ下へ下へと紙を割くようにすると失敗が少なくなります。

【おすすめ問題集】
　実践ゆびさきトレーニング①②③、筑波大学附属小学校 工作攻略問題集
　Jr・ウォッチャー23「切る・貼る・塗る」、24「絵画」

問題15　分野：制作　　Bグループ男子

〈準 備〉　クーピーペン５色（赤・青・黒・緑・黄）、スティックのり、
画用紙（ハートを描いておく）、折り紙（オレンジ、茶色）、
黄色の折り紙（波線を描いたもの）、ひも、封筒（半分に切ったもの）

〈問 題〉　これから「アップルパイセット」を作ってもらいます。

ポテトの制作
①黄色の折り紙の黒い線をちぎって、ポテトの袋（封筒）にちぎった紙が重ならないように入れましょう（ポテト完成）。

アップルパイの制作
②オレンジの折り紙を細長くなるように２回折ります。
③茶色の折り紙を半分に折ります。
④「②」でつくったものを半分に折り、茶色の折り紙にのりで貼りましょう（アップルパイの完成）。

スタンプカードの制作
⑤画用紙のハートを赤で塗り、穴が開いているところを合わせるように半分に折りましょう。
⑥穴に紐を通してチョウチョ結びをしましょう（スタンプカード完成）。

以上で、アップルパイセットの完成です。

〈時 間〉　15分

〈解 答〉　省略

アドバイス

この課題では合計三つの制作を行わなければなりません。一つひとつは難しいものはありませんが、どれか一つに時間をかけ過ぎたということがないようにしなければなりません。また、問題13でも述べましたが、三つの作品をつくるとしても、説明は通しで１回という形で流されますので指示を記憶できるかどうかが鍵になると言えます。

【おすすめ問題集】
実践ゆびさきトレーニング①②③、筑波大学附属小学校 工作攻略問題集
Jr・ウォッチャー23「切る貼る塗る」、24「絵画」

問題16　分野：制作

Bグループ女子

〈準備〉　女の子とお皿が描いてある画用紙、クーピーペン５色（赤・青・黒・緑・黄）、赤の折り紙、赤いシール、綴じひも

〈問題〉　これから「ソーセージを食べている女の子」を作ってもらいます。
①台紙の２本の線の間を青のクーピーでなぞってください。
②左上の目が描いてある紙を、まつ毛にかぶらないように指でちぎりましょう。
③ちぎった紙の裏にのりをつけて、右目のとなりに貼ってください。
④折り紙を自分の指が入るくらいに丸めて赤いシールで留めましょう。
⑤丸めた折り紙を青のクーピーペンでなぞったお皿の上にのりで貼りましょう。
⑥台紙の右の穴にひもを通して蝶結びをして完成です。

〈時間〉　15分

〈解答〉　省略

アドバイス

紙を筒状に丸めるというのは慣れていないと難しい課題でしょう。また、つくり終わった後も、つぶしてしまいやすいものなので注意が必要です。蝶結びも、緩みのないようにしなければいけませんが、強く結びすぎるの紙が曲がってしまいますので、普段から練習し慣れておくとよいでしょう。結び方として「かた結び」「蝶結び」「たま結び」の三つはできるようにしておくことをおすすめいたします。

【おすすめ問題集】
実践ゆびさきトレーニング①②③、筑波大学附属小学校 工作攻略問題集
Jr・ウォッチャー23「切る・貼る・塗る」

問題17　分野：制作

Cグループ男子

〈準備〉　クーピーペン５色（赤・青・黒・緑・黄）、画用紙（Ａ４とＡ４の三分の一より少し小さいサイズ）、スティックのり、赤シール、青シール、綴じひも

〈問題〉　これから「魔法のポケット」を作ります。
①画用紙を黒い点線のところで谷折りにしてください。
②白い細長い紙に、好きなものを描いてください。
③好きなものを描いた紙を折った画用紙の中に入れて、両端の右側は赤シールで、左側は青シールで留める。
④二重丸の内側を赤で塗り、外側の線に沿って手でちぎります。
⑤ちぎった二重丸を二つの穴の真ん中にのりで貼ります。
⑥正面の二つの穴にひもを通し、蝶結びをします。蝶結びができない人は、固結びをしてください。

〈時間〉　15分

〈解答〉　省略

アドバイス

問題17では、他の制作と比べて全体の難易度が少しやさしいですが、絵を描く作業があることに注目しなければいけません。こうした作業がある場合、絵を描くことに時間を取られすぎて、完成までに時間が足りなくなってしまうということが予想されます。なので本番の形式で練習する際には、ぜひ、時間感覚も考慮して取り組みたいものです。本問のようなものは繰り返して、だいたいどのくらいの時間で終わらせる事が必要なのかしっかりと学ぶことができる、よい教材となります。何度か練習して、体感としてどのくらいの時間をかけていいのという感覚を身に付けましょう。

【おすすめ問題集】
実践ゆびさきトレーニング①②③、筑波大学附属小学校 工作攻略問題集
Jr・ウォッチャー23「切る・貼る・塗る」

問題18　分野：制作　Cグループ女子

〈準 備〉　クーピーペン5色（赤・青・黒・緑・黄）、てんとう虫の描いてある紙、葉っぱの描いてある画用紙、スティックのり

〈問 題〉　これから「葉っぱとてんとう虫」を作ってもらいます。
①てんとう虫を赤色で塗ります。
②てんとう虫を手でちぎり、画用紙の1番大きな葉っぱにのり貼ります。
③画用紙の黒い○の部分にのりをつけます。
④黒い○の部分にカップを貼り付け、カップを広げて完成です。

〈時 間〉　15分

〈解 答〉　省略

アドバイス

本問はてんとう虫を塗る面積が、他の問題に比べて大きいことが特徴だと言えます。このような問題で、きれいに色を塗るためには、まずは線に沿って色を塗り、それから斜めの一定方向で内側を塗っていくと完成形がきれいになります。その他、紙を自分が塗りやすいように回転させて塗るというのもきれいに塗るための方法の一つです。

【おすすめ問題集】
実践ゆびさきトレーニング①②③、筑波大学附属小学校 工作攻略問題集
Jr・ウォッチャー23「切る・貼る・塗る」

問題19　分野：行動観察　全グループ

〈準 備〉　紙コップ

〈問 題〉　**この問題の絵はありません。**
5人1グループ、3チームで、紙コップでタワーをつくります。
①グループで協力していくつコップが積めますか。「よーい、スタート」と言ったら、始めてください。
②よーい、スタート。
③お片付けをしましょう、使ったコップを重ねて机の真ん中に置いてください。

〈時 間〉　15分

〈解 答〉　省略

アドバイス

行動観察で重要になるのは、集団で行うことができるか、話し合いができるか、どのように作業を進めるかを決めているか、仲良く作業ができているか、といった点です。また、タワーを積み上げて高さを競うようなゲーム性がある問題も行動観察では頻出ですが、この手の問題は事前に説明される「お約束」をしっかり守れているかということが観られています。お子さまが「お約束」を守れない場合の原因としては主に、お約束を聞いていない、ゲームに熱中しすぎて言われたことを忘れてしまうという2点があります。ですから、試験のためのお勉強というよりはご家庭生活で何をルールとしているか、普段から言われたことが守れたか、また、その確認をしているかということが本番に表れます。日常生活で言われたことを守れたら、「よく頑張ったね」とお子さまの努力を褒め、できなかったときはその原因を一緒に考えることが大切でしょう。

【おすすめ問題集】
新 運動テスト問題集、Jr・ウォッチャー28「運動」、29「行動観察」

問題20　分野：絵画　全グループ

〈準 備〉　クーピーペン5色（青、黒、赤、黄、緑）

〈問 題〉　**この問題の絵はありません。**
男子Aグループ。女子Aグループ
・家族で動物園へ行っている絵を描いてください。

男子Bグループ、女子Bグループ
・家族で遊んでいる絵を描いてください。

男子Cグループ、女子Cグループ
・家族との食事している絵を描いてください。

〈時 間〉　適宜

〈解 答〉　省略

アドバイス

絵を描く課題で大切なのは上手く描くというよりは、その時間、集中して取り組むことができているかということです。そうした行動観察としての面が試験の中に入っているということを忘れてはいけません。ただ、お子さまが絵を描いても上手くいかないという意識を持っていると集中力も続きませんし、そうした意味でもある程度、絵の練習をしておく方がよいと思います。例えば、絵日記をつけると始めやすいかもしれません。少しの時間でも毎日、続けていくこと１番の近道となります。

【おすすめ問題集】
新 運動テスト問題集、Jr.ウォッチャー29「行動観察」、56「マナーとルール」

問題21　分野：運動（個別）　全グループ

〈準 備〉　上履き

〈問 題〉　**この問題の絵はありません。**
スタートからゴールまで、U字型に、クマ歩き（クマ走り）をします。ゴールに着いたら、スキップで自分の席に戻ります。途中の応援は、してはいけません。

〈時 間〉　15分

〈解 答〉　省略

アドバイス

クマ走りでは毎年、滑りやすかったという声が聞こえるため、上履きはすべりにくいものを選びましょう。また、受けるグループによって、応援をしましょうという指示がされることもあり、しっかりと話を聞き、実行する態度が観られています。また、ゴールに着いた後も、スキップで自分の席に戻るという指示がありますが、これも聞く力がないと、自分の前の番のひとが間違えていた場合、その動きに引っ張られてしまうので注意が必要です。こうした注意力は指示をしたときに、お子さまに一度、復唱させてみることで鍛えることができます。加えて、クマ走りは例年の出題ですので、練習は必須です。クマ走りに必要な力は主に身体を支える力です。これは、引っ張るというよりは押す力を指しているので、手押し車や雑巾がけのような運動で身体を支える力は鍛えることができます。

【おすすめ問題集】
新 運動テスト問題集、Jr.ウォッチャー28「運動」、29「行動観察」

問題22　分野：運動（個別）

全グループ

〈準備〉　なし

〈問題〉　**この問題の絵はありません。**
これから言う通りにしてください。
①左足を前に出してください。
②右足を前に出してください。
③左に１回転してください。
④左手で、右ひざを触ってください。
⑤右足を上げて、片足バランスをしてください。

〈時間〉　15分

〈解答〉　省略

アドバイス

左右の概念がしっかりと身に付いていることが重要です。口頭で言われたとしても、すぐにどちらが右で、左か分かる状態にしておきましょう。保護者の方は「○○ちゃんから見て左」と言うような会話をするように心掛けましょう。そうすれば、自然と右左は身に付いてきます。また、こうした左右の識別はペーパーテストでも活きてきますので早めに理解ができている状態にしましょう。

【おすすめ問題集】
新 運動テスト問題集、Jr.ウォッチャー28「運動」、29「行動観察」

問題23　分野：口頭試問

全グループ

〈準備〉　なし

〈問題〉　**この問題の絵はありません。**
今から質問をしますので、答えてください。
・幼稚園（または保育園）の名前を教えてください。
・幼稚園（または保育園）のお昼ごはんは給食ですか、お弁当ですか。
・幼稚園（または保育園）では、どんなことをして遊ぶと楽しいですか。
・好きな動物は、何ですか。それは、どうしてですか。
・好きな果物は、何ですか。それは、どうしてですか。
・好きな飲み物は、何ですか。それは、どうしてですか。
・好きな形は、何ですか。それは、どうしてですか。
・お母さんのお料理で好きなものは、何ですか。それは、どうしてですか。
・朝ごはんは、何を食べてきましたか。
・今日は、どうやってここまで来ましたか。
・今日は、どなたと一緒に来ましたか。

〈時間〉　15分

〈解答〉　省略

アドバイス

口頭試問で聞かれていることは難しいものではありません。しかし、答えたことに対して深掘り質問をされても答えられるようにしておくことが重要です。例えば、「好きな食べ物」に対して「トマト」と答えた時に「何色のトマトが好きなの？」「なんでトマトが好きなの？」という事に対しても答えられるようにしておくということです。こうしたことは、普段の試験対策や日常生活の中で鍛えることができるものです。例えば、食事の場でも調理工程を見せたり、好きな食べ物、乗り物などは図鑑で確認したりする機会を多くつくりましょう。また、ご家庭での会話の量や質はお子さまの語彙力につながってきます。そして、口頭試問の練習をする際にも、深掘りして質問するとよいでしょう。深掘りの質問としては「誰が、いつ、どこで、何を、どのように」といった点を意識されると質問への対応力も身に付きます。

【おすすめ問題集】

Jr・ウォッチャー12「日常生活」、18「いろいろな言葉」、21「お話作り」
30「生活習慣」、新 口頭試問・個別テスト 問題集

問題24 分野：アンケート（保護者）　全グループ

〈準 備〉 筆記用具、Ａ４用紙（13行）

〈問 題〉 **この問題の絵はありません。**
映像と校長先生のお話を元に、「我が子の学びと保護者のサポートについて」下記の①～④を文章に入れて作文してください（持込不可）。

①日常の学校生活の学び。
②学校行事の学び。
③「①」「②」をふまえた保護者のサポート。
④ＰＴＡの役員についての考え。

〈時 間〉 25分

〈解 答〉 省略

アドバイス

作文では事前にしっかりと学校の方針について理解をしておくことが重要です。いくら文章力があったとしても、その結果、内容が学校の方針とズレがある場合は当然、評価される文章ではなくなります。入学への強い動機があるということと関連させて書く練習をすることも大切です。こなれた表現を使用するよりは、なぜそう考えるようになったのかといったエピソードを書く方が訴求力の強い文章になります。こうした書き方は難しいものではありませんが、慣れておく必要はありますので、事前に文章の練習をしておくことをおすすめします。その際に、書き方の基本的なルールも確認しておくようにしましょう。句読点の位置やカッコの使い方がしっかりしていると、それだけで上級者の文章に見えます。信頼できるような印象になります。

【おすすめ問題集】

面接テスト問題集、保護者のための入試面接最強マニュアル

問題25 分野：お話の記憶 Aグループ男子

〈準備〉 クーピーペン７色（橙・紫・黒・緑・赤・青・黄）

〈問題〉 もうすぐ、運動会です。クマくんは、「運動会の練習をしようよ。」と言って、チームのみんなと、小学校のグラウンドで練習をすることにしました。グラウンドには、イチョウの木がありますが、秋なのに葉っぱは、まだ緑色をしています。向こうの方では、キツネくんチームが練習をしています。それを見て、クマくんも「負けないぞ。」と、頑張って練習をすることにしました。クマくんチームは、始めに、玉入れの練習をすることにしました。クマくんは、「僕は、作戦を考えたんだ。玉は、下からふんわり投げるといいんだよ。」とみんなに言いました。ウサギさんは、教えてもらった通りに玉を投げると、３回目にようやく玉を入れることができました。玉入れのあとは、休憩をしました。ウサギさんが、「ミックスジュースを持ってきたの。」と言いました。ミックスジュースには、バナナ、パイナップル、リンゴ、オレンジが入っています。ところが、クマくんが、「学校にジュースを持っていってはいけないんだよ。」と言ったので、ウサギさんは、しょんぼりしてしまいました。それを見たクマくんは、「僕の水筒のお茶を飲んでいいよ。」と言って、ウサギさんにあげました。休憩の後は、かけっこの練習です。クマくんは、「走る時は、腕を大きく動かして走るといいよ。」と、また、みんなに教えてあげました。しかし、練習をしていると、途中でリスくんが、転んでしまいました。リスくんは、念のため、病院へ行くことになりました。それを見たクマくんは、とても心配そうです。タヌキさんとウサギさんは、「きっと大丈夫だよ。」と、クマくんを励ましました。それを聞いたクマくんは、少し笑顔になりました。練習が終わり、３人は家に帰ることにしました。帰る途中、空を見上げると、月が出ていました。クマくんは、家に帰った後も、リスくんが心配で、涙がこぼれてきました。そこで、クマくんのお母さんは、リスくんの家に電話をしてくれました。すると、リスくんは、「心配してくれてありがとう。僕、もう大丈夫だよ。」と言ったので、クマくんは、ようやく安心しました。クマくんのお父さんは、「運動会のために、新しい靴を買おうか。」と言ってくれました。クマくんは、日曜日に、お父さんと緑の靴を買いに行くことにしました。

（問題25の絵を渡す）
指示のないものは、黒色のクーピーペンで解答してください。
①イチョウは、このあと何色になるでしょうか。その色で、○を塗ってください。
②この中で、クマくんチームではない動物に、○をつけてください。
③この中で、ミックスジュースに入っていなかった果物に○をつけてください。
④クマくんチームが、最初に練習したものに○、２番目に練習したものに△をつけてください。
⑤ミックスジュースに入れた果物の数だけ、○を書いてください。
⑥ウサギさんが、玉入れの練習で玉を投げた数だけ、○を書いてください。
⑦クマくんたちが、家に帰る途中で見たものに、○をつけてください。
⑧転んで病院に行った動物に、○をつけてください。
⑨クマくんは、転んでしまったお友達が、大丈夫とわかった時、どのような顔になったか、○をつけてください。
⑩クマくんが、日曜日に買いに行くものに、○をつけてください。

〈時 間〉　各20秒

〈解 答〉　①黄色　②左から２番目（キツネ）・右から２番目（ネコ）
③左から２番目（ブドウ）　④左端に△・右端に○　⑤○：４　⑥○：３
⑦右から２番目（月）　⑧右端（リス）　⑨左から２番目
⑩右から２番目（運動靴）

[2023年度出題]

 アドバイス

お話の文章は短く、質問の数が多いのが特徴です。設問数や出題傾向については、例年通り変わってはいません。記憶する文章が短く設問が多いということは、細部に渡り、記憶しなければ、質問には対応していけません。話を集中して聞くことが要求されます。練習するときに集中できるかどうかをまず心理状態を観てみましょう。初めに話を1度だけ読みます。話が終わった段階で、どのような話なのか、概略を聞いてみてください。その様子を観てから質問に移れば、集中度や記憶の度合いがわかります。記憶するだけの問題ではなく、話を聞いて、季節の順序や季節により植物の色の変化、心理描写などの知識や判断も要求されています。

【おすすめ問題集】
1話5分の読み聞かせお話集①②、　お話の記憶 初級編・中級編・上級編、
Ｊｒ・ウォッチャー19「お話の記憶」、34「季節」、
筑波大学附属小学校 新　お話の記憶 攻略問題集

問題26　分野：お話の記憶　　**Aグループ女子**

〈準備〉　クーピーペン７色（橙・紫・黒・緑・赤・青・黄）

〈問題〉　お話を聞いて後の質問に答えてください。

昨日は、雨がポツポツと降っていたので、「明日も雨かなぁ。」とウサギさんは思いましたが、次の日、朝早く起きると、空はすっかり晴れていました。今日はリスさんのお誕生日です。ウサギさんとサルさんとキツネさんは、原っぱで待ち合わせをすることになっていました。ウサギさんは、急いで黄色いズボンを履いて、かばんの中には、星の模様の箱に入ったプレゼントを入れ、水筒を持って、待ち合わせの場所へ行くことにしました。ウサギさんが原っぱへ着くと、サルさんが先に来ていました。サルさんは、しましま模様の緑色のズボンを履いていました。サルさんが、「ウサギさん、おはよう。昨日は、雨が降っていたから、心配していたんだ。」と言ったので、ウサギさんも「私もよ。」と言いました。二人で、笑いながら話していると、キツネさんがやってきました。キツネさんは、水玉模様の赤いズボンを履いていました。３人は、並んで歩いて行くことにしました。先頭はサルさん、その次にキツネさん、最後にウサギさんの順番です。途中、公園があったので、少し休憩をすることにしました。３人で歌を4曲歌って、その後、キツネさんが持ってきていたおやつを、みんなで分けて食べることにしました。キツネさんは、バナナのマークの袋から、チョコとアメとクッキーを出しました。サルさんにはアメを２つ、ウサギさんにはクッキーを３枚あげました。食べ終わると、みんなでリスさんの家へ向かいました。リスさんの家に着くと、リスさんが、笑顔で迎えてくれました。リスさんは、「みんなで、外で遊ぼうよ。」と言ったので、外遊びをすることにしました。キツネさんは、「すべり台がいいな。」と言いました。サルさんは、「ブランコがいいな。」と言いました。そこで、みんなは、何をして遊ぼうか相談を始めました。でも、なかなか決まらず、リスさんは困ってしまいました。するとウサギさんが、「今日は、リスさんのお誕生日だから、リスさんがやりたいものにしたらどうかしら。」と言いました。リスさんが、「なわとびをしたいな。」と言ったので、みんなでなわとびをすることにしました。なわとびで遊んだ後、家に戻って、みんなは、リスさんにプレゼントを渡しました。サルさんはピンク色の花束、ウサギさんは絵本を渡しました。その日の夜、リスさんは、ウサギさんからもらった、かちかち山の本をお母さんに読んでもらいました。

家庭学習のコツ①　**「先輩ママたちの声！」を読みましょう！**

本書冒頭の「先輩ママたちの声！」には、実際に試験を経験された方の貴重なお話が掲載されています。対策学習への取り組み方だけでなく、試験場の雰囲気や会場での過ごし方、お子さまの健康管理、家庭学習の方法など、さまざまなことがらについてのアドバイスもあります。先輩ママの体験談、アドバイスに学び、ステップアップを図りましょう！

（問題26の絵を渡す）
指示のないものは、黒色のクーピーペンで解答してください。
①今日は、どんなお天気になりましたか。お天気の絵に○をつけてください。
②ウサギさんのズボンの色で、○を塗ってください。
③リスさんの家へ行く途中、先頭だった動物に、○をつけてください。
④途中で休憩した公園で、歌った曲の数だけ、○を書いてください。
⑤キツネさんが持っていたおやつの袋のマークの絵に、○をつけてください。
⑥キツネさんのズボンの柄に、○をつけてください。
⑦サルさんは、おやつに、なにをいくつ食べましたか。おやつに○をつけた後、その下に食べた数の分だけ、○を書いてください。
⑧みんなで外遊びをしようとしましたが、なかなか遊びが決まらなかった時の、リスさんの顔に○をつけてください。
⑨ウサギさんが、リスさんにあげたプレゼントに、○をつけてください。
⑩「かちかち山」のお話に出てくる動物に○をつけてください。

〈時 間〉 各20秒

〈解 答〉 ①右端（晴れ） ②黄色 ③左端（サル） ④○：4 ⑤右端（バナナ）
⑥左から２番目（水玉模様） ⑦左から２番目（アメ）・○：2
⑧右から２番目（困った顔） ⑨右端（絵本）
⑩左から２番目（タヌキ）・右端（ウサギ）

［2023年度出題］

アドバイス

文章は短く設問の数が多いのは、問題25と同様で、細部にわたり記憶しなければ解答は困難になります。登場人物や色などの要素が込み入っているので、集中して聞き、記憶していかなければなりません。また、クーピーペンを使用して色で答える問題があります。筆記用具の使用にも慣れておきましょう。豊富な内容をイメージしながら記憶していくには、多くの読み聞かせの練習をすることが大切です。単に記憶するだけではなく、ジャンルの異なる本の読み聞かせや、理科的な知識をつけていける図鑑や、外出時などを利用して知識、常識、マナーなどを学んで行くように心がけていきましょう。

【おすすめ問題集】
１話５分の読み聞かせお話集①②、 お話の記憶 初級編・中級編・上級編、
Ｊｒ・ウォッチャー19「お話の記憶」
筑波大学附属小学校 新 お話の記憶 攻略問題集

問題27　分野：お話の記憶

Bグループ男子

〈準 備〉　クーピーペン７色（橙・紫・黒・緑・赤・青・黄）

〈問 題〉　お話を聞いて後の質問に答えてください。

昨日は雨でしたが、今日は、とてもよい天気です。タヌキさん、キツネさん、ウサギさんは、夏祭りに出かけました。タヌキさんは、ずいぶん前から夏祭りの花火大会を楽しみにしていました。お祭りの会場に着くと、とてもよい匂いがしてきました。みんなは、何を買おうか、色々と悩みましたが、ウサギさんはメロン味のかき氷、キツネさんは焼きそば、タヌキさんはタコ焼きを買うことにしました。３人は座って食べようと、空いているベンチを探しました。すると、ベンチに座ってわたあめを食べているクマさんを見つけました。クマさんは、「ここが空いているから、どうぞ。」と言って、一緒に座って食べることになりました。みんなが食べ終わった後、今度は、クマさんも一緒に遊ぶことにしました。楽しく遊んだ後、「そろそろ、おうちへ帰らないといけないね。」と言って、タヌキさん、キツネさん、ウサギさんは、家へ帰ることにしました。ところが、帰る途中、一人でキョロキョロしているネコさんに会いました。どうやら、ネコさんは、迷子になってしまったようです。ネコさんは、３つのボタンの付いた、緑色のシャツを着ていました。３人は、ネコさんに優しく声を掛けました。タヌキさんは、「ネコさん、心配しなくていいよ。僕、交番に行ってくるね。」と言って、走って行きました。ウサギさんとキツネさんは、ネコさんと一緒に、お父さんとお母さんを探してあげることにしました。ネコさんは、時々泣きそうになりましたが、ウサギさんとキツネさんが一緒に探してくれているので、泣かないでいることができました。夏祭りの会場は、たくさんの人で混んでいましたが、探している途中で、お友達のカエルさんに会いました。ふたりは、カエルさんに、「ネコさんのお父さんとお母さんを見かけなかったかな。」と聞いてみると、カエルさんは、「そういえば、さっき交番で、お巡りさんと話しているところを見かけたよ。」と教えてくれました。早速、交番に行ってみると、心配そうな顔をしている、ネコさんのお父さんとお母さんがいました。ネコさんは、嬉しくなって、思わずお母さんに抱きつきました。

家庭学習のコツ②　「家庭学習ガイド」はママの味方！

問題演習を始める前に、試験の概要をまとめた「家庭学習ガイド（本書カラーページに掲載）」を読みましょう。「家庭学習ガイド」には、応募者数や試験課目の詳細のほか、学習を進める上で重要な情報が掲載されています。それらの情報で入試の傾向をつかみ、学習の方針を立ててから、対策学習を始めてください。

（問題27の絵を渡す）
指示のないものは、黒色のクーピーペンで解答してください。
①昨日の天気は、どうでしたか。○をつけてください。
②このお話の季節によく食べるものに、○をつけてください。
③ウサギさんが食べたものは、何味のどのようなものでしたか。○をつけてください。
④キツネさんが食べたものに、○をつけてください。
⑤お祭りの途中で会って、一緒に遊んだ動物に○をつけてください。
⑥ネコさんが着ていたシャツの色で、○を塗ってください。
⑦ネコさんの着ていたシャツに付いていたボタンの数だけ、○を書いてください。
⑧ネコさんのお父さんとお母さんが交番にいると教えてくれた動物に○をつけてください。
⑨お父さんとお母さんに会えた時の、ネコさんの顔に○をつけてください。
⑩タヌキさんが、夏祭りで、一番楽しみにしていたことに○をつけてください。

〈時間〉　各20秒

〈解答〉　①左から２番目（雨）　②右端（スイカ）
③上：左から２番目（メロン）・下：右端（かき氷）　④左端（やきそば）
⑤右から２番目（クマ）　⑥緑色　⑦○：３　⑧右端（カエル）
⑨左から２番目（笑顔）　⑩右から２番目（花火）

［2023年度出題］

アドバイス

文章の長さは他の問題と大差ありませんが、本文の場合、「お友達とお祭りを楽しむお話」から、「迷子のネコさんを助けてあげるお話」へと、内容が切り替わっています。お話の内容が、初めから最後まで同じながれで進むとは限りません。このようなパターンの問題も、しっかり対策しましょう。また、「いつ」「誰が」「どこで」「何をしたか」を、正確に把握する必要があるため、難易度が高い問題といえます。このような記憶の練習には、多くの読み聞かせをすることが必要です。慣れない場合は、本文を２回読み上げる、本文を途中まで読み上げ、設問に移るなどして、難易度を落として取り組むとよいでしょう。

【おすすめ問題集】
１話５分の読み聞かせお話集①②、お話の記憶 初級編・中級編、
Ｊｒ・ウォッチャー19「お話の記憶」、34「季節」
筑波大学附属小学校 新　お話の記憶 攻略問題集

問題28 分野：お話の記憶

Bグループ女子

〈準備〉 クーピーペン７色（橙・紫・黒・緑・赤・青・黄）

〈問題〉 お話を聞いて後の質問に答えてください。

ゆうかさんは、お友だちと４人で山登りに行くことになりました。お庭には、桜の花が咲いています。ゆうかさんは、支度を始め、赤いリュックを背負いました。お友達のけんたくんは、青い靴を履いていくことにしました。りょうくんは、黄色と緑色の帽子で迷いましたが、結局、緑色の帽子を被っていくことに決めました。４人は、駅で待ち合わせをすることにしました。みんなが揃ったので、電車に乗って、３つ目のおおやま駅で降りました。そして、歩き始めました。しばらくすると、疲れてしまったので、山の途中にあった黄色いベンチに座って、休憩をすることにしました。ベンチに腰掛け、さやかさんが持ってきた、水玉模様の水筒を飲もうとしたら、手が滑って、水筒を落としてしまいました。水筒は、山道を転がり落ちていきました。それを見て、けんたくんとりょうくんは、走って取りに行ってくれました。二人から水筒を受け取ったさやかさんは、「ありがとう。」と言うと、笑顔になりました。みんなは、休憩をした後、山のてっぺんを目指して歩き始めました。ようやく、山のてっぺんに着いたので、４人はレジャーシートを広げて、お弁当を食べることにしました。ゆうかさんはサンドイッチ、けんたくんはやきそば、さやかさんとりょうくんはおにぎりを食べました。お弁当を食べた後は、山の上から街の景色を見ることにしました。みんなが通っている学校と、待ち合わせをした駅が見えました。山の上から、「やっほー」と叫ぶと、「やっほー」とやまびこが返ってきました。山のてっぺんで楽しく過ごした後、みんなは、山を下ることにしました。下り道の途中で、リスを見つけました。リスは、くるみを食べていました。みんなは、「かわいいね。」と笑顔になりました。今日の楽しかった思い出を、みんなで話しながら山を下りました。さやかさんは、「けんたくんとりょうくんが、私の水筒を拾ってきてくれたことが、今日一番の思い出だわ。」と言いました。けんたくんは、「やまびこが、楽しかった。」と言いました。りょうくんは、「山の上から、街の景色を見ることができて、楽しかった。」と言いました。

（問題28の絵を渡す）
指示のないものは、黒色のクーピーペンで解答してください。
①４人が待ち合わせにした場所に○をつけてください。
②みんなは、いくつ目の駅で降りましたか。その数だけ○を書いてください。
③けんたくんの靴の色で、○を塗ってください。
④りょうくんが迷って決めた帽子の色と、同じ色の果物に○をつけてください。
⑤さやかさんの水筒の模様に○をつけてください。
⑥休憩をした場所に○をつけてください。
⑦ゆうかさんのお弁当に○をつけてください。
⑧山を下る途中で見た動物に○をつけてください。
⑨山のてっぺんから見えたものに○をつけてください。
⑩水筒を拾ってもらったときのさやかさんの顔に○をつけてください。

〈時 間〉 各20秒

〈解 答〉 ①左から２番目（駅） ②○：３ ③青色
④左端（緑：スイカ）・右から２番目（黄色：バナナ）
⑤右から２番目（水玉模様） ⑥左から２番目（ベンチ）
⑦左端（サンドウィッチ） ⑧右端（リス）
⑨右から２番目（学校）・右端（駅） ⑩右から２番目（ニコニコ顔）

[2023年度出題]

アドバイス

他の問題と同様に短文で内容が込み入ってます。当校の記憶の問題はただ記憶すればよいだけにとどまらず、気持ちの表情まで考える質問も出ています。お子さんに喜怒哀楽の感情が出たとき、どのような顔になっているかを知ることで、人の表情がわかる様になり、このような問題にも対応していけるようになるでしょう。当校は生まれ月により問題にも配慮がされていますので、内容が込み入ってますが、記憶がしやすく、質問の難易度も優しくなっています。１度の読み聞かせで解答ができなければ、時間をあけて、再度挑戦してみてください。できたときの喜びが次につながっていきます。

【おすすめ問題集】
１話５分の読み聞かせお話集①②、 お話の記憶 初級編・中級編、
Ｊｒ・ウォッチャー19「お話の記憶」

問題29　分野：お話の記憶　Cグループ男子

〈準　備〉　クーピーペン７色（橙・紫・黒・緑・赤・青・黄）

〈問　題〉　お話を聞いて後の質問に答えてください。

今日は、イヌのポッケのお誕生日です。ポッケの家の周りには、大きな桜の木が何本もあって、今は花が満開です。ポッケは、いつもよりずっと早くに起きて、青いＴシャツに着替えると、「お母さん、今日は何の日か知ってる？」と、ポッケはニコニコしながら、お母さんに聞きました。すると、「もちろんよ。ポッケのお祝いのために、イチゴゼリーを作っているのよ。」とお母さんが言いました。「わーい。僕の好きなゼリーだ。」と喜びました。お母さんが、「ポッケは、今日で、いくつになるの。」と聞いたので、「６歳になるんだ。」と元気よく答えました。ポッケは、お母さんに「お隣のおばあちゃんのおうちに行ってくるね。」と言って、おばあちゃんの家に行きました。おばあちゃんも早起きをしていて、家からは、なんだかいい匂いがしてきます。「おばあちゃん、おはようございます。」とポッケが元気な声であいさつすると、おばあちゃんが出てきて、「今日は、ポッケのお誕生日ね。おめでとう。」と言ってくれたので、ポッケは嬉しくなりました。「お誕生日会のケーキを焼いたのよ。ポッケも手伝ってくれるかしら。」と、言うと、「このケーキに、ポッケの歳の数だけ、ロウソクをさしてちょうだいね。」と言って、ロウソクを渡しました。ポッケは、数を数えて、ロウソクをケーキにさしました。お誕生日会の準備ができた頃、クマくんとウサギさんがポッケの家にお祝いに来てくれました。お母さんとおばあちゃんが、ゼリーとケーキをテーブルに並べると、ごちそうでいっぱいになりました。ロウソクに火をつけると、みんながハッピーバースデーの歌を歌ってくれました。ポッケは、思い切り空気を吸い込み、ロウソクの火を消しました。みんなが、「お誕生日おめでとう。」と言って拍手をしてくれました。ケーキは、お母さんが、全員仲良く食べられるように切り分けてくれました。その後、クマくんは木でできた車、ウサギさんはチューリップの花束をプレゼントしてくれました。みんなで、あやとりやトランプで遊んで、楽しく過ごしました。

（問題29の絵を渡す）

指示のないものは、黒色のクーピーペンで解答してください。
①今日のポッケの洋服の色で、○を塗ってください。
②お話の季節と同じものに、○をつけてください。
③ポッケに○をつけてください。
④ケーキの上のロウソクの数だけ、○を書いてください。
⑤お誕生日に来てくれた動物に○をつけてください。
⑥ウサギさんからもらったプレゼントに、○をつけてください。
⑦ゼリーの色と同じ色で○を塗ってください。
⑧ケーキは、どのように分けるとよいでしょうか。正しい絵に○をつけてください。
⑨この日のポッケの顔に○をつけてください。
⑩みんなで遊んだものすべてに○をつけてください。

〈時間〉　各20秒

〈解答〉　①青　②右端（兜）　③左から２番目（犬）　④○：６
⑤左端（クマ）・右端（ウサギ）　⑥左端（チューリップ）　⑦赤
⑧右から２番目（５等分）　⑨左端（笑顔）
⑩左から２番目（トランプ）・右から２番目（あやとり）

［2023年度出題］

アドバイス

問題文の長さは生まれ月に関わらず、ほぼ同じです。難易度が少しずつ優しくなっています。問題29では、質問されていることが文章には記載されていません。本文の内容から類推しなければなりません。季節、ろうそくの本数、ゼリーの色などがそうです。この問題で注意するところは⑧のケーキの分け方です。問題文には「全員仲良く」とあります。お友だちだけに気が向き、祖母、母親が考えから外れてしまう恐れがあります。

【おすすめ問題集】

１話５分の読み聞かせお話集①②、　お話の記憶 初級編・中級編・上級編、
Ｊｒ・ウォッチャー19「お話の記憶」、34「季節」、
筑波大学附属小学校 新　お話の記憶 攻略問題集

家庭学習のコツ③　**「家庭学習ガイド」はママの味方！**

問題演習を始める前に、試験の概要をまとめた「家庭学習ガイド（本書カラーページに掲載）」を読みましょう。「家庭学習ガイド」には、応募者数や試験課目の詳細のほか、学習を進める上で重要な情報が掲載されています。それらの情報で入試の傾向をつかみ、学習の方針を立ててから、対策学習を始めてください。

問題30　分野：お話の記憶

Cグループ女子

〈準 備〉　クーピーペン７色（橙・紫・黒・緑・赤・青・黄）

〈問 題〉　お話を聞いて後の質問に答えてください。

外は、真っ白な世界です。寒いのが大好きなペンギンさんは、お友達のイヌさんとヒツジさんに、「冬のキャンプに行こうよ。」と誘いました。イヌさんも、雪が大好きなので、「行こう、行こう。」と言いました。ヒツジさんも「私も、今は沢山お洋服をまとっているから、寒さなんて平気よ。」と言ってくれたので、３人で、キャンプに出掛けることになりました。ペンギンさんは、青いマフラーをして、楽しみのかき氷を食べるためのイチゴのジャムを持っていくことにしました。イヌさんは、黄色い帽子に、長袖のセーターと手袋をしていきます。ヒツジさんは、鈴のネックレスをつけて行きます。出発の朝は、少し曇っていて、ペンギンさんは、少し遅れてしまいました。集合場所の三角の看板のバス停に、一番早く着いたのは、イヌさんでした。次に、ヒツジさんがやってきました。「ペンギンさん、まだかな。」と言って、バス停のそばのベンチに座っていると、「遅くなって、ごめんなさい。」と、ペンギンさんは、申し訳なさそうな顔をしながら、走ってやってきました。３人揃ったので出発です。バスに乗って、６つ目のキャンプ場バス停に到着しました。「みんなで、ホットケーキを食べようと思って、ホットケーキの材料を持ってきたの。」とヒツジさんが言いました。みんなは喜んで、早速ホットケーキを焼き始めました。美味しそうな香りが漂って、ペンギンさんはワクワクしてきました。ペンギンさんは、「私は、ジャムを持ってきたから、ホットケーキと一緒に食べましょう。」と言いました。ジャムのついたホットケーキは、思った以上に美味しくて、イヌさんとヒツジさんは３枚ずつ食べてお腹がいっぱいになりましたが、お腹がすいていたペンギンさんは、イヌさんたちより２枚多く食べてしまいました。ヒツジさんが、「ペンギンさん、楽しみにしていたかき氷は、どうするの。」と、気にしてくれましたが、ペンギンさんは、もうお腹がいっぱいで、とても食べることができません。「あーあ、かき氷は、食べることができないわ。でも、ホットケーキをこんなに美味しく食べたのは、初めてよ。」と言って、笑いました。

（問題30の絵を渡す）
指示のないものは、黒色のクーピーペンで解答してください。
①キャンプに出掛けた日のお天気に、○をつけてください。
②お話と同じ季節の絵に、○をつけてください。
③ペンギンさんが、キャンプにしていったマフラーの色で、○を塗ってください。
④キャンプへ行くときに、待ち合わせをした場所に、○をつけてください。
⑤待ち合わせのバス停に着いたときの、ペンギンさんの顔に○をつけてください。
⑥集合場所のバス停からいくつめのバス停で降りましたか。その数だけ○を書いてください。
⑦ホットケーキの材料を持ってきた動物に、○をつけてください。
⑧イヌさんが被って行った帽子の色と同じ色のものに、○をつけてください。
⑨ペンギンさんが食べたホットケーキの数だけ、○を書いてください。
⑩ペンギンさんが食べることができなかったものに、○をつけてください。

〈時間〉 各20秒

〈解答〉 ①左から２番目（曇り） ②左端（節分） ③青
④右から２番目（三角のバス停）⑤左から２番目（申し訳ない顔）
⑥○：６ ⑦右から２番目（ヒツジ） ⑧左端（バナナ）
⑨○：５ ⑩左端（かき氷）

［2023年度出題］

アドバイス

どのグループでも、季節、天候、服装の特徴や持ち物、順番や場所、数、表情などが問われています。基礎的な知識は、確実に押さえておきましょう。始めのうちは、お話をある程度の長さで一度止め、どのような内容か、お子さんに聞いてみましょう。お子さん自身が、聞き取りのポイントを掴んでくるはずです。慣れてきたら、お話の流れを、絵を描くようにして記憶することができます。また、コロナによるマスク生活が長く続いている影響で、相手の表情や感情を読み取る力が弱くなっている傾向があり、表情を読み解く出題が増えています。読み聞かせをしながら、必要に応じて、どんな気持ちか、どんな顔をしているか、などを聞いてみるとよいでしょう。

【おすすめ問題集】
１話５分の読み聞かせお話集①②、 お話の記憶 初級編・中級編、
Ｊｒ・ウォッチャー19「お話の記憶」、34「季節」

家庭学習のコツ④ 効果的な学習方法～問題集を通読する

過去問題集を始めるにあたり、いきなり問題に取り組んではいませんか？ それでは本書を有効活用しているとは言えません。まず、保護者の方が、すべてを一通り読み、当校の傾向、ポイント、問題のアドバイスを頭に入れてください。そうすることにより、保護者の方の指導力がアップします。また、日常生活のさまざまなことから、保護者の方自身が「作問」することができるようになっていきます。

問題31 分野：図形

Aグループ男子

〈準備〉 クーピーペン７色（橙・紫・黒・緑・赤・青・黄）

〈問題〉 左上の太い枠の中の絵を見てください。積み木が左のように積まれています。これを上から見た時の様子を、右の３つの絵から探して、〇をつけてください。

〈時間〉 ３分

〈解答〉 下図参照

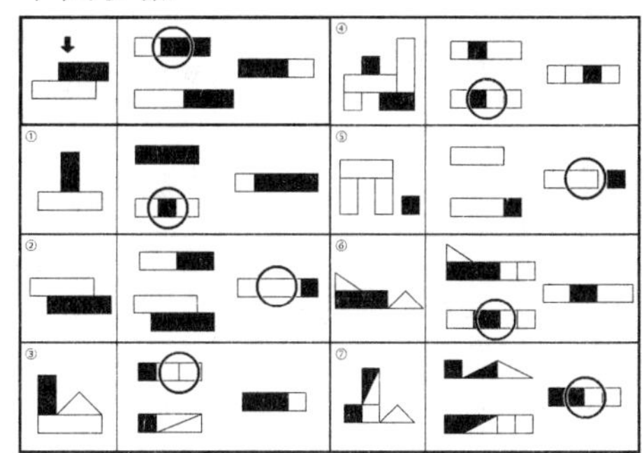
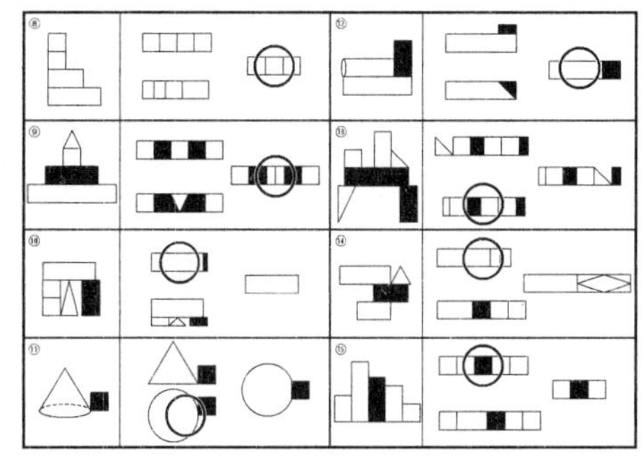

［2023年度出題］

アドバイス

四方から見た図形の問題です。四方図の理解が不十分のようであれば、具体物を使い、上にあるどの積み木で、どの部分が隠されて見えなくなるのかをしっかりと確認します。上から見た時の様子をイメージできるようにしましょう。特に三角形の積み木は、頂点の部分が線として表記されます。上から見た時の図面では四角形２つで示されるので、このような表記のされ方にも慣れていく必要があります。

【おすすめ問題集】

Ｊｒ・ウォッチャー10「四方からの観察」、16「積み木」
53「四方の観察（積み木編）」、筑波大学附属小学校 図形攻略問題集①②

問題32 分野：図形

Aグループ女子

〈準 備〉 クーピーペン7色（橙・紫・黒・緑・赤・青・黄）

〈問 題〉 左上の太い枠の中の絵を見てください。これは、大きさの違う真四角の積み木が重なっている様子を、上から見た絵です。これを矢印の方向から見た時、どのように見えるかを、右の3つの絵から探して、○をつけてください。

〈時 間〉 3分

〈解 答〉 下図参照

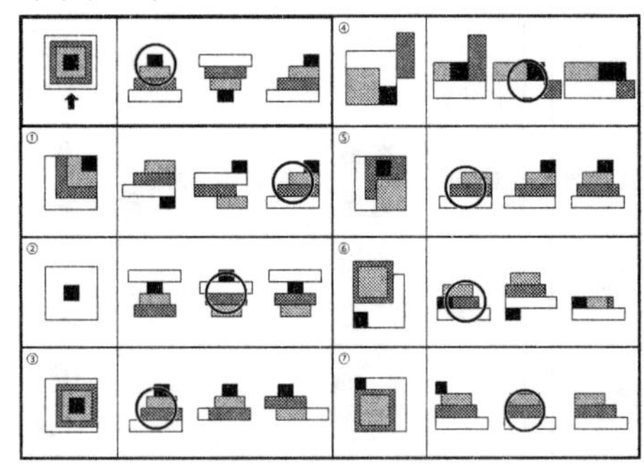
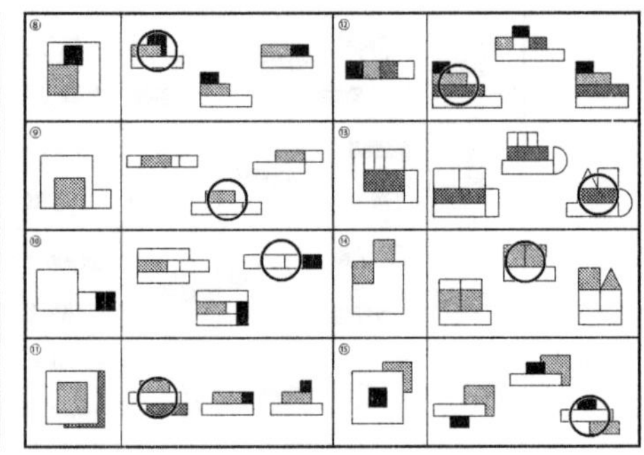

[2023年度出題]

アドバイス

問題31の逆のパターンの問題です。同じく四方図ですが、今度は上から見えた様子を、横から見た場合どのように重なっているかという問題です。いずれにしても、四方図の理解がしっかりできていなければ、解答には時間がかかるでしょう。これらは、勉強としてではなく、日頃の遊びの中で「おもしろいな」という感覚で身に付けていけるのが理想です。お子さま自身が積み木を積み重ね、上から見た時、横から見た時の様子を描いてみるのも、着眼点を養うよい方法でしょう。運筆、点図形、模写、絵画にも活かすことができます。

【おすすめ問題集】

Jr・ウォッチャー10「四方からの観察」、16「積み木」
53「四方の観察（積み木編）」、筑波大学附属小学校 図形攻略問題集①②

問題33　分野：図形

〈準　備〉　クーピーペン７色（橙・紫・黒・緑・赤・青・黄）

〈問　題〉　左上の太い枠の中の絵を見てください。積み木が左のように積まれています。これを上から見た時の様子を、右の３つから探して、○をつけてください。

〈時　間〉　３分

〈解　答〉　下図参照

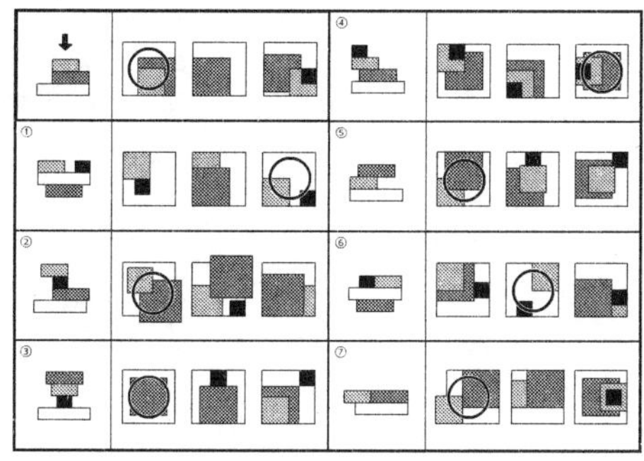

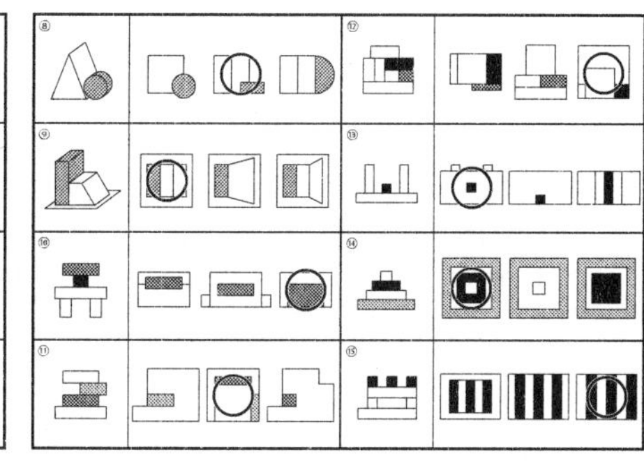

[2023年度出題]

アドバイス

問題31と同じ内容の四方図の問題です。基本的な積み木の理解と平面図から立体的にイメージできる、その応用力が必要です。まずは、横から見た時の図で、どの積み木が１番上になっているのかを掴むことが大事です。選択肢の中で、１番上にある積み木ではないものは、消去します。残り２択で迷った場合は、横から見た場合、同じ高さだと隠れてしまう積み木もあることに気付くことができれば、正しい答えを出すことができます。焦らず、お子さん自身が本当に理解し正答できるよう、具体物を使いつつ、ペーパー問題を取り組んでいきましょう。

【おすすめ問題集】

Ｊｒ・ウォッチャー10「四方の観察」、16「積み木」
53「四方の観察（積み木編）」、筑波大学附属小学校 図形攻略問題集①②

問題34　分野：図形　Bグループ女子

〈準備〉　クーピーペン７色（橙・紫・黒・緑・赤・青・黄）

〈問題〉　左上の太い枠の中の絵を見てください。左端の絵が、矢印の方向に矢印の数だけ回転した時どうなるか、右の３つの絵から探して、○をつけてください。

〈時間〉　３分

〈解答〉　下図参照

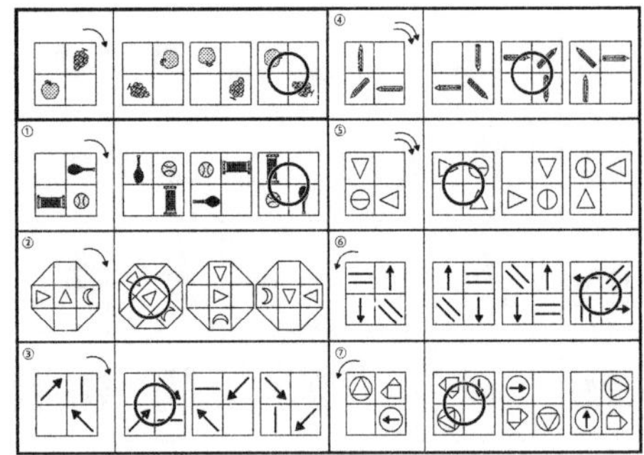

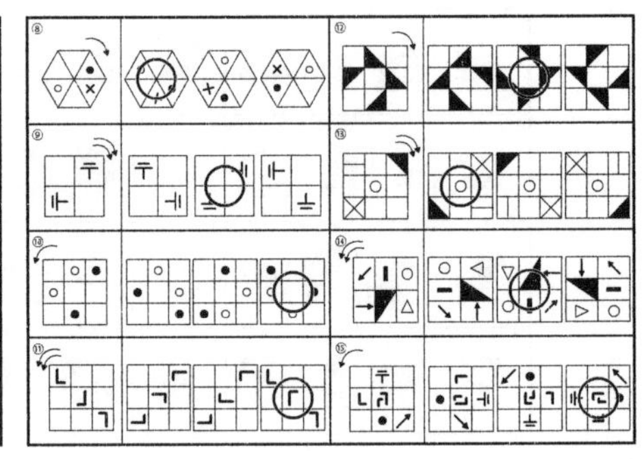

［2023年度出題］

アドバイス

回転図形の考え方は、まず、矢印の方向に１回転した場合、どの辺が下になるかを考えます。左にある形の底辺が、回転することにより変わっていくことの理解が必要です。折り紙などを使い、４つの辺を色別に塗って、回転していく時の様子を実際に確認していきましょう。回転した後、底辺が変わると、中の模様や点の位置も追随して変化したように見えていきますので、各辺の方向を考えながら理論立てて理解することができるよう、簡単な問題から取り組んでいきましょう。苦手意識が生じないようにすることが大切です。

【おすすめ問題集】
Ｊｒ・ウォッチャー5「回転・展開」、46「回転図形」

問題35　分野：図形　

〈準備〉　クーピーペン７色（橙・紫・黒・緑・赤・青・黄）

〈問題〉　左上の太い枠の中の絵を見てください。左の形を色々な方向に、回転させた時にできる形を、右の４つの絵から探して、○をつけてください。

〈時間〉　３分

〈解答〉　下図参照

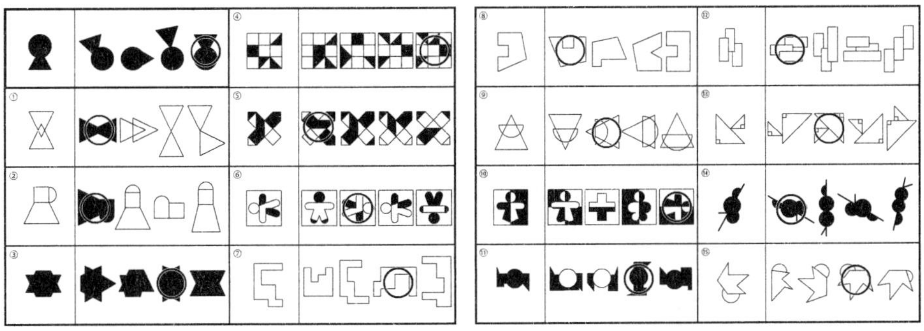

［2023年度出題］

アドバイス

すぐに解答が見つからない場合は、４つの選択肢があるので、まずは、消去法で考えましょう。図形の大きさや重なりの様子に注意し、明らかに違うものは、選択肢から外します。除外するものがはっきりすると、正答を見つけやすくなります。スピードも求められるので、練習を重ね、時間内の全正答を目指していきましょう。

【おすすめ問題集】

Ｊｒ・ウォッチャー5「回転・展開」、46「回転図形」、
筑波大学附属小学校 図形攻略問題集①②

問題36　分野：回転図形　　Cグループ男子

〈準備〉　クーピーペン７色（橙・紫・黒・緑・赤・青・黄）

〈問題〉　左上の太い枠の中の絵を見てください。左の絵が、矢印の方向に矢印の数だけ倒した時どうなるか、右の絵の空いているところに模様を書いてください。

〈時間〉　３分

〈解答〉　下図参照

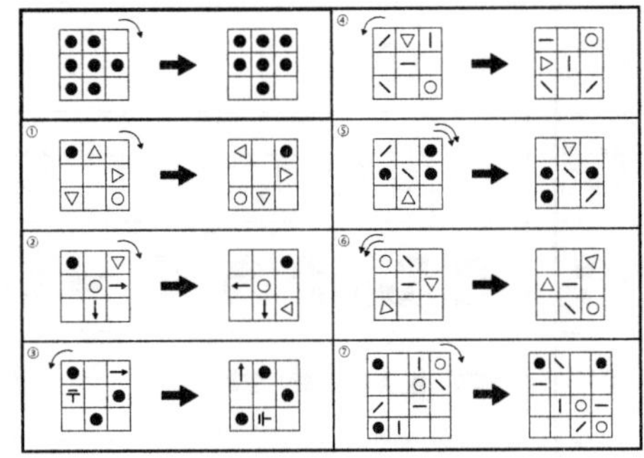

［2023年度出題］

アドバイス

問題34と同じ内容ですが、表現の仕方が「回転」ではなく「倒す」となっています。表現の仕方次第で、混乱することもあるので、同じ考え方であるということを理解できることが必要です。問題34のアドバイスを参照し、同じように取り組んでください。

【おすすめ問題集】

Ｊｒ・ウォッチャー5「回転・展開」、46「回転図形」

筑波大学附属小学校 図形攻略問題集①②

問題37　分野：推理

Cグループ男子

〈準 備〉　クーピーペン７色（橙・紫・黒・緑・赤・青・黄）

〈問 題〉　左上の太い枠の中の絵を見てください。動物たちが、シーソーに乗って、重さ比べをしています。このように重さ比べをした時、１番重い動物を右の３つから探して、○をつけてください。

〈時 間〉　３分

〈解 答〉　下図参照

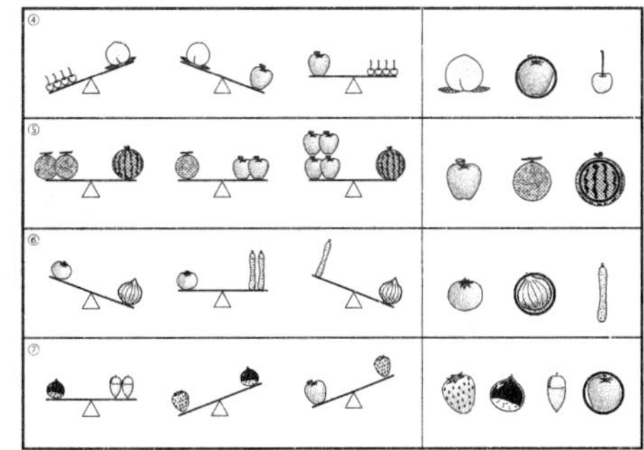

［2023年度出題］

アドバイス

シーソー問題など、重さ比べ問題は、実際の重さ比べとは違います。提示された絵の条件の中で考える、ということに慣れておきましょう。実際には、ゾウとキツネの重さ比べをしたら、ゾウの方が重いので、お子さんによっては、混乱してしまうこともあるかもしれません。あえて、このような問題が出されるので、条件による考え方ができるように練習していきましょう。１番重いものは、常にシーソーで下になっています。問題に慣れてきたら、解答も早くなるでしょう。

【おすすめ問題集】

Ｊｒ・ウォッチャー33「シーソー」

問題38　分野：運筆　　　　　　　　　　　　　　　　**Cグループ男子**

〈準備〉　クーピーペン７色（橙・紫・黒・緑・赤・青・黄）

〈問題〉　①左の四角の中に○を描いてください。そこに○を描き足して、三重丸にしてください。
②右の四角の中に△を描いてください。そこに△を描き足して、三重の三角形にしてください。

〈時間〉　各15秒

〈解答〉　下図参照

［2023年度出題］

アドバイス

始めに描いた形が 小さければ、外側に形を追加し、始めに描いた形が大きければ、内側に形を追加していく、という発想が必要です。更に運筆力です。丸は何とか描くことができても、大きい三角形を描くのは、なかなか難しいことです。フリーハンドで描くことが 難しいようであれば、三角形は、頂点三点の印をつけ、点図形のように線結びして描いてみましょう。

【おすすめ問題集】
Ｊｒ・ウォッチャー１「点・線図形」、51・52「運筆①②」

問題39　分野：図形　Cグループ女子

〈準　備〉　クーピーペン７色（橙・紫・黒・緑・赤・青・黄）

〈問　題〉　左上の太い枠の中の絵を見てください。左端の三角形を、すぐ右にあるサイコロの目の数だけ、矢印の方向に転がした時の絵を、右から選んで、○をつけてください。

〈時　間〉　３分

〈解　答〉　下図参照

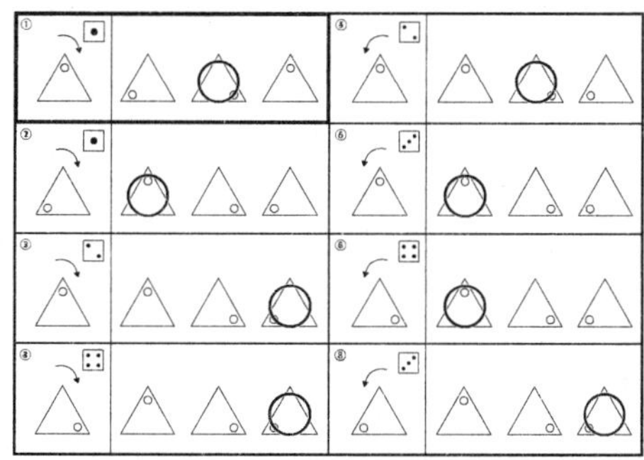

［2023年度出題］

アドバイス

基本的な回転図形の問題ですが、この月齢でのお子さんにとっては、混乱してしまうことも十分考えられます。練習としては、三角形の紙を用意し、一辺ごと色を変えて色を塗り、１回倒れるとどの辺が下になるか、２回倒れるとどの辺が下になるかを、示して確認させましょう。また、三角形は三辺しかないので、サイコロの目が３、６の場合はもとに戻ることも、実物を使い理解できるようにしていくととよいでしょう。次の段階では、色別に辺を塗ることによって、内側の丸がどの辺と辺の間にあるのか、合わせて考えるようにしてください。簡単なものから練習をして、確実な理解に結び付けていきましょう。

【おすすめ問題集】

Ｊｒ・ウォッチャー5「回転・展開」、46「回転図形」

筑波大学附属小学校　図形攻略問題集①②

問題40　分野：図形　Cグループ女子

〈準備〉　クーピーペン７色（橙・紫・黒・緑・赤・青・黄）

〈問題〉　左上の太い枠の中の絵を見てください。左端の形を色々な方向に、回転させた時、作ることができない形を、右の３つの絵から探して、○をつけてください。

〈時間〉　３分

〈解答〉　下図参照

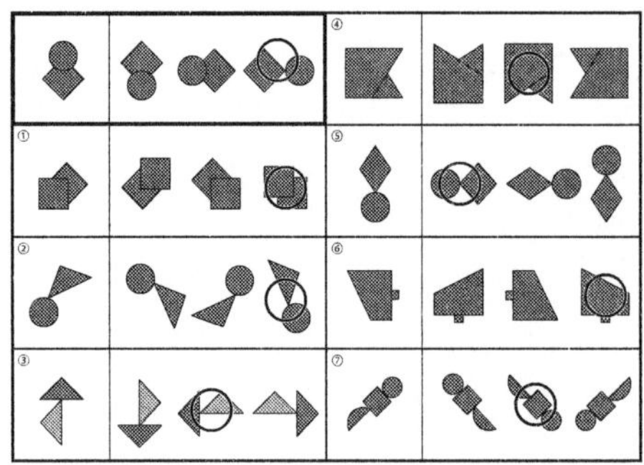

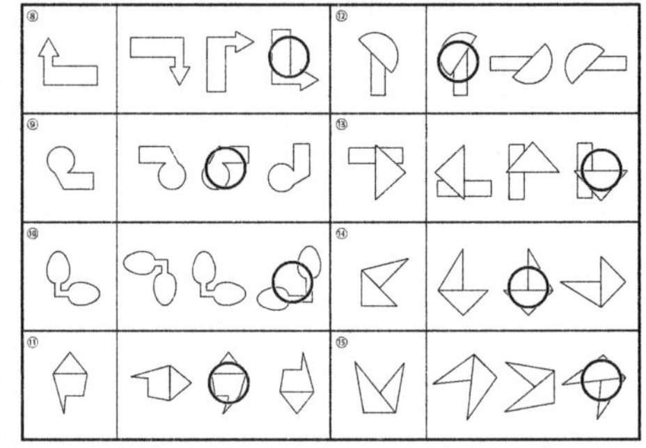

[2023年度出題]

アドバイス

回転の方向の指示がなく、また、四角形等の図形ではないので、回転していく様子をしっかりと把握できていないと難しい問題です。まずは、左上のお手本の形を見ましょう。図形の大きさや重なり具合をみて、明らかに違う組み合わせは、すぐにわかると思います。③以降は、左右弁別の理解も必要になってきます。具体物を使っての解答だけではなく、問題を解くにあたっての、しっかりとした理由を解説し、お子さんが納得できてから、同じような問題の取り組みを重ねることも大事だと思います。

【おすすめ問題集】

Ｊｒ・ウォッチャー5「回転・展開」、46「回転図形」

筑波大学附属小学校　図形攻略問題集①②

問題41　分野：制作　Aグループ男子

〈準備〉　顔と点線が描かれた画用紙（1/2サイズ）、丸が描かれた紙、折り紙、クーピーペン12色、スティックのり、丸シール、綴じひも、白い紙

〈問題〉　これから「野球少年」を作ってもらいます。
①顔が描かれた紙の右下にある点線部分を青のクーピーペンでなぞりましょう。
②星は黄色で塗ります。
③丸を手でちぎって、星と顔の間にある○の上に貼ります。
④顔が描かれた画用紙を筒にして、のりで貼り合わせます。この時、上に空いている穴を塞がないようにします。
⑤穴の内側からひもを通し、蝶結びをします。できない人は、固結びをします。
⑥折り紙を２回折り、三角形にします。
⑦顔の上のところに、三角形に折った折り紙を、裏から丸シールで留めます。
⑧終わった人は、白い紙に、あなたの好きな食べ物の絵を描きましょう。

〈時間〉　15分

〈解答〉　省略

［2023年度出題］

アドバイス

ちぎりは、毎年出題されるので、早いうちから練習しておきましょう。紙を筒状に貼り合わせる作業も慣れていなければ難しいでょう。紙の端にしっかりとのりをつけ、合わせ目を指で押さえ、剥がれてこないようにします。筒になったところに、三角の折り紙を貼る際も、筒を潰さないように気をつけてください。例年、求められている巧緻性全てを含んだ課題となっています。早くに終わった人のみ、絵を描くことが求められていますが、この絵を描くことができるまでのスピードが求められていますので、制作と絵画の問題と捉えておきましょう。

【おすすめ問題集】
実践ゆびさきトレーニング①②③、筑波大学附属小学校 工作攻略問題集
Jr・ウォッチャー23「切る・貼る・塗る」、24「絵画」

問題42　分野：制作　Aグループ女子

〈準備〉　白画用紙（縦長にして上に二か所穴を空ける・魚と宝物を点で結んだ絵）
星が描かれた紙、ペールオレンジの折り紙、クーピーペン（12色）
赤の綴じひも、スティックのり、白い紙

〈問題〉　これから「宝探し」を作ってもらいます。
①魚と宝物までの点線を緑色のクーピーペンでなぞりましょう。
②サメは、青のクーピーで塗ります。
③星型を黄色のクーピーで塗った後、形に沿って手でちぎり、画用紙の左上に貼ります。
④ペールオレンジの折り紙を見本通りに折ってイカを作り、画用紙の左下に貼ります。イカの目、脚（手）を、黒のクーピーで書き足します。
⑤画用紙上部の穴にひもを通し、蝶結びをします。できない人は、固結びをします。
⑥終わった人は、白い紙に、あなたが夕飯を食べている時の絵を描きましょう。

〈時間〉　15分

〈解答〉　省略

［2023年度出題］

アドバイス

内容的には、さほど難しくはないかと思います。ちぎりや蝶結び、折り紙など、例年出題されている通りです。丁寧に作業することが大事です。最後の「終わった人は……」と言う説明ですが、絵を描き終えるまでが試験と考えましょう。基本的な巧緻性は、既にできていることが前提です。ここまでは、確認の課題と捉えましょう。男子と違う点は、「あなたが夕飯を食べている絵」という題なので、人を必ず描かないといけません。自分一人ではなく、家族と一緒の食卓が望ましいです。制作には５～６分、残りを絵の時間としてできるようにしないといけません。正確さとスピード、絵の発想や表現力が求められています。

【おすすめ問題集】
実践ゆびさきトレーニング①②③、筑波大学附属小学校 工作攻略問題集
Jr・ウォッチャー23「切る・貼る・塗る」、24「絵画」

問題43　分野：制作

Bグループ男子

〈準 備〉　丸が描かれた黄色の台紙、クレヨン(赤・青)、紙コップ、スティックのり
赤・青色大小の丸シール、赤の紙テープ、赤の綴じひも、わりばし

〈問 題〉　これから「わりばしマン」を作ってもらいます。
①コップを逆さにして、底の部分を頭に見立てます。赤丸シールの上に青丸シールを貼り、紙コップに向かって右側の目の位置に貼ります。
②○が描かれた紙を点線に沿って半分に折り、二枚重ねで半円をちぎります。折り目を境に、上を赤で、下を青で塗ります。
③色を塗ったら、先ほどの目のシールの反対側に、目に見立て、紙コップにのりで貼ります。
④赤の紙テープを手で丸め、髪に見立てて、紙コップの底の部分にのりで貼りつけます。
⑤綴じひもを紙コップの目の上の部分あたりでコップに巻き付け、蝶結びをします。
⑥②でちぎった残りの紙を工夫して、四角い形に折り、口のようにします。紙コップに、それを口の位置で、のりで貼り付けます。
⑦わりばしの先端で、紙コップの顔の反対側のふちを挟みます。

〈時 間〉　15分

〈解 答〉　省略

[2023年度出題]

アドバイス

ちぎりも、シール貼りも細かい作業です。また、紙を半分に折りちぎった後の残りの紙も、その後の作業で使うので、ちぎり終わった紙を丸めたりしないように注意しましょう。色分けした目は、上が赤、下が青と言う指示なので、貼る時に逆に貼ることのないように注意します。紙コップを逆さにしたときの上部での蝶結びは、抜けやすく、またやりにくいと思うので、練習をしましょう。わりばしを紙コップに挟む作業があります。慎重に作業をしないとわりばしが割れてしまいます。速さの中にも丁寧さが欠かせません。

【おすすめ問題集】
実践ゆびさきトレーニング①②③、筑波大学附属小学校 工作攻略問題集
Jr・ウォッチャー23「切る貼る塗る」、24「絵画」

問題44　分野：制作

Bグループ女子

〈準備〉 丸が描かれた黄色の台紙、クーピーペン10色、紙コップ、スティックのり、赤・青色大小の丸シール、赤の折り紙、赤の綴じひも、わりばし

〈問題〉 これから「くちばしさん」を作ってもらいます。
①コップを逆さにして、底の部分を頭に見立てます。赤丸シールの上に青丸シールを貼り、紙コップに向かって左側の目の位置に貼ります。
②丸が描かれた紙を半分に折り、二枚重ねで半円をちぎります。ちぎった丸に目玉を描いて丸く塗ります。
③ちぎった丸の紙を、紙コップ向かって右側の目の位置に、のりで貼ります。
④赤の折り紙を手で丸め、ニワトリのとさかに見立てた形に整え、紙コップの底の部分にのりで貼りつけます。
⑤綴じひもを紙コップの目の上の部分あたりで、コップに巻き付け、蝶結びをします。
⑥ちぎった残りの紙を広げ、くちばしのようにして、1つの角を紙コップに貼りつけます。
⑦わりばしの先端で、紙コップの顔の反対側のふちを挟みます。

〈時間〉 15分

〈解答〉 省略

［2023年度出題］

アドバイス

半分に折りちぎった後の紙は、その後も使うので、破れないよう慎重にちぎる必要があることと、ちぎり終わった紙を丸めたりしないことを忘れないようにしましょう。とさかに見立てた折り紙を紙コップに貼り付ける作業は、折り紙ではなく、紙コップの方にのりをつける方が貼り付けやすいと思います。蝶結びは、緩みのないようにしっかりと結び目を抑え結びましょう。蝶結びはできるようにしておきましょう。ちぎりの残りの部分をくちばしに見立て紙コップに貼り付けること、わりばしを割らないように気を付けてゆっくりと挟み込むことなど、難しい課題です。

【おすすめ問題集】
実践ゆびさきトレーニング①②③、筑波大学附属小学校 工作攻略問題集
Jr・ウォッチャー23「切る・貼る・塗る」

問題45　分野：制作　Cグループ男子

〈準 備〉　7×5のマス目と三日月の絵が書いてある画用紙、星型の絵、スティックのり
クーピーペン7色、穴あけパンチ、綴じひも

〈問 題〉　これから「カレンダー」を作ります。
①上のマス目に、1～30までの数字を書きます。
②その下にある、三日月を黄色で塗ります。
③手で星型をちぎり、三日月の右に、のりで貼ります。
④画用紙の上を、穴あけパンチで穴を開け、そこにひもを通し、蝶結びをします。蝶結びができない人は、固結びをしてください。

〈時 間〉　15分

〈解 答〉　省略

［2023年度出題］

アドバイス

数字が30まで書けることが前提の問題です。できれば100までは書けるようにしておくとよいでしょう。ちぎりは、星型で、やや難しいと思われます。たくさん練習しておきましょう。近年、学校で使う事務用品を使った課題が出題されることも増えてきました。今回も穴あけパンチを使う課題です。やみくもに穴を開けようとするのではなく、紙の上部のみ半分のところに折り目をつけ、穴あけパンチの▼の印に合わせ、奥まで紙を通してから、丁寧に穴を開ける作業ができるとよいでしょう。

【おすすめ問題集】
実践ゆびさきトレーニング①②③、筑波大学附属小学校 工作攻略問題集
Jr・ウォッチャー23「切る・貼る・塗る」

問題46　分野：制作　Cグループ女子

〈準 備〉　三日月と太陽の描いてある正方形の紙、何も描かれてない正方形の紙2枚、
星型の絵、スティックのり、クーピーペン7色、穴あけパンチ、綴りひも

〈問 題〉　これから「三日月と星」を作ってもらいます。
①三日月を橙色で塗ります。
②星型を手でちぎり、三日月の右に、のりで貼ります。
③何も描かれてない2枚の紙を画用紙の上の部分にだけのりをつけ、2枚重ねて貼ります。この時、太陽が隠れるようにします。
④穴あけパンチで穴を開け、そこにひもを通し、蝶結をびします。蝶結びができない人は、固結びをしてください。
⑤2枚貼った紙の1枚をめくり、2枚目の紙に人の顔を描きましょう。

〈時 間〉　15分

〈解 答〉　省略

アドバイス

２枚貼り合わせた紙の上部に穴あけパンチで穴を開けるには、のりがつきすぎていると、恐らく穴は開かないでしょう。のりの量を考えて貼っているかがどうか、一目瞭然となります。穴の開け方は、問題45と同じやり方です。

【おすすめ問題集】
実践ゆびさきトレーニング①②③、筑波大学附属小学校 工作攻略問題集
Jr・ウォッチャー23「切る・貼る・塗る」

問題47　分野：制作

Cグループ女子

〈準 備〉　白と灰色で交互に塗られた紙、水色の紙テープ、丸が描かれた絵、折り紙、マスキングテープ、クーピーペン（緑）、スティックのり、綴じひも

〈問 題〉　これから「丸いリース」を作ってもらいます。
① 白と灰色の紙を、手でクシャクシャにした後、細長くしてから丸くします。
② マスキングテープで留めて、丸い輪（リース）にします。
③ 水色の紙テープにのりをつけ、リースに貼り付けます。
④ 丸が描かれた絵を緑色で塗り、太線に沿って手でちぎります。
⑤ 丸くちぎったものをリースに貼ります。
⑥ 折り紙を２回三角形に折り、そのままリースの右上にのりで貼ります。
⑦ 綴じひもをリースの上の方で、蝶結びをします。

〈時 間〉　15分

〈解 答〉　省略

[2023年度出題]

アドバイス

女子のBグループでも紙をクシャクシャにしてからの作業がありました。リースの形にするには、クシャクシャにした後、一度その紙を開いて、細長い形にして丸くしていくという、何段回かの作業が必要になります。マスキングテープは、手でちぎれますが、引き出す際、境目を見つけにくいという欠点もあるので、リースの形を整えたら、何枚か、マスキングテープをある程度の長さに切って、机の端に貼っておくなど、貼り合わせる準備をしておくとよいでしょう。貼る時も少しテープを引っ張るようにして貼らないと、リースをうまく留めることができません。要所要所に色々な巧緻性が含まれた問題ですので、何度も制作してみましょう。

【おすすめ問題集】
実践ゆびさきトレーニング①②③、筑波大学附属小学校 工作攻略問題集
Jr・ウォッチャー23「切る貼る塗る」

問題48　分野：行動観察　　全グループ

〈準備〉　なし

〈問題〉　**この問題の絵はありません。**
10人1グループ、3チームで、総当たり戦のじゃんけんゲームです。グループで、出す手を話し合い、グループで同じ手を出して、相手チームとじゃんけんをします。

〈時間〉　15分

〈解答〉　省略

［2023年度出題］

アドバイス

初めて会ったお友だちとチームになり、そのチームでの話し合いで、じゃんけんで出す手を決めます。あいこの場合もあるので、その場合の作戦も決め、順番も覚えておかないといけません。勢いに任せてじゃんけんをすると、チームで決めた手と違う手を出してしまうこともあります。チームの一員としての団結意識をしっかり持つことが求められます。もし、仮に、同じチームの誰かが間違えてしまっても、責めるような発言はいけません。初めての組み合わせのチームでの行動観察には、思いもよらないことが起きることも含め、お子さんに指導しましょう。

【おすすめ問題集】
新 運動テスト問題集、Jr・ウォッチャー28「運動」、29「行動観察」

問題49　分野：運動（個別）

全グループ

〈準備〉　なし

〈問題〉　**この問題の絵はありません。**
手隠しじゃんけんをします。先生は、先に出す手を見せていますが、左手で右手を覆っているため、全部は見えません。先生に勝つようにじゃんけんをしましょう。２回勝負です。

〈時間〉　15分

〈解答〉　省略

［2023年度出題］

アドバイス

お子さんは、隠されているものを見たい、知りたい、の気持ちになりがちです。特に男の子は、その傾向があるでしょう。ここで気をつけたいことは、先生が隠している片手をのぞき込む行為をしないようにすることです。説明の中で、「先生の手がどうなっているのか覗いてもいいですよ」というようなことがあれば、もちろん問題ないのですが、今回はそのような説明はありません。指示や説明のないことはしない、が原則です。示された状況の中で、先生の手が何を出しているのかを判断し、勝てる手を考えて出しましょう。前後しますが、当然じゃんけんのルールを理解していることが大前提です。

【おすすめ問題集】
新 運動テスト問題集、Jr.ウォッチャー28「運動」、29「行動観察」

問題50　分野：運動（個別）

全グループ

〈準備〉　上履き

〈問題〉　**この問題の絵はありません。**
スタートからゴールまで、U字型に、クマ歩き（クマ走り）をします。次は、スタートからスキップしてゴールまで行き、ゴールでは、左手を挙げたまま、片足で５秒、その場に立ちます。順番が来るまでは、椅子に座って待ちます。途中の応援は、してはいけません。

〈時間〉　15分

〈解答〉　省略

［2023年度出題］

アドバイス

とにかく滑りやすいですから、上履きの底がしっかりしているものを用意すると良いでしょう。クマ歩きと言う名のクマ走りなので、手と足四肢がうまく動かないと、途中で体勢が崩れてしまいます。例年の出題ですので、練習は必須です。スキップ後、ゴールで止まり、片手を挙げて片足立ちという、動きから片足の静止なので、これも慣れないと難しい動きです。スキップの最後の方は、その後の片足バランスのイメージを浮かべながら進んでいきましょう。上げ足の指示がある場合もありますので、指示がない場合は利き足で片足立ち、左右別の指示があれば、指示通りにすることの区別も、練習してください。なお、応援をしてはいけない、という指示も忘れてはいけません。

【おすすめ問題集】
新 運動テスト問題集、Jr.ウォッチャー28「運動」、29「行動観察」

問題51 分野：運動（個別）

全グループ

〈準 備〉 上履き

〈問 題〉 **この問題の絵はありません。**
スタートからゴールまで、M字型に、クマ歩き（クマ走り）をします。次は、直線コースをケンケンパして進み、隣の丸いコースをスキップします。

〈時 間〉 15分

〈解 答〉 省略

［2023年度出題］

アドバイス

このM字型のクマ歩きは、角度を変えてクマ歩き（走り）をしますので、前方をしっかりと見据えて、動きをなるべく止めないで進むことが望ましいです。問題50から比べると、ややハードな課題です。その動きの後にケンケンパが続きます。いかに体力があるお子さんを求めているか、ということです。最後のスキップが終わったら、流れに任せて終わらせるのではなく、両手足を揃えて終わるようにしましょう。最後まで気を抜かないことが大切です。

【おすすめ問題集】
新 運動テスト問題集、Jr.ウォッチャー28「運動」、29「行動観察」

問題52　分野：運動（個別）

全グループ

〈準備〉　なし

〈問題〉　**この問題の絵はありません。**
これから言う通りにしてください。
①右手で、右耳を塞いでください。
②左手で、右の肘を触ってください。
③右手で、鼻をつまんでください。
④左手で、右ひざを触ってください。
⑤右足を上げて、片足バランスをしてください。

〈時間〉　15分

〈解答〉　省略

[2023年度出題]

アドバイス

左右弁別の確認と体のバランス感覚が、年齢相応かの確認です。口頭で、とっさに左右の弁別を言われた時でも、その通りにできるようにするためには、あいまいな左右の認識では、対応できません。また、不安になって、周りを見てしまうこともいけません。自信をもって対応できるように、左右をしっかり把握しておくことが必要です。また、片足バランスも左右どちらの足でも立っていられるよう、練習を重ねましょう。

【おすすめ問題集】
新 運動テスト問題集、Jr.ウォッチャー28「運動」、29「行動観察」

問題53　分野：口頭試問

全グループ

〈準備〉　なし

〈問題〉　**この問題の絵はありません。**
今から質問をしますので、答えてください。
・幼稚園（または保育園）の名前を教えてください。
・幼稚園（または保育園）のお昼ごはんは給食ですか、お弁当ですか。
・幼稚園（または保育園）では、どんなことをして遊ぶと楽しいですか。
・好きな動物は、何ですか。それは、どうしてですか。
・好きな果物は、何ですか。それは、どうしてですか。
・好きな飲み物は、何ですか。それは、どうしてですか。
・好きな形は、何ですか。それは、どうしてですか。
・お母さんのお料理で好きなものは、何ですか。それは、どうしてですか。
・朝ごはんは、何を食べてきましたか。
・今日は、どうやってここまで来ましたか。
・今日は、どなたと一緒に来ましたか。

〈時間〉　15分

〈解答〉　省略

[2023年度出題]

アドバイス

質問内容は、さほど難しくはありませんが、答えに対して、なぜそう思うのかを必ず聞かれます。その質問に対応するには、細かい特徴への気付きや、そう感じた時の自分の感情などの表現力も必要になってきます。お子さんとの会話を大切にし、語彙を増やし、なぜ、どうしてかを考える時間も持ちましょう。表現力が足りないと思う時は、保護者が代弁し、表現の仕方のお手本を口にすることで、徐々に豊かな表現力を身につけられるでしょう。しかし、保護者が先回りして説明してはいけません。お子さん自身の考えを口にするまで共感することが大切です。

【おすすめ問題集】

Jr・ウォッチャー12「日常生活」、18「いろいろな言葉」、21「お話作り」
30「生活習慣」

問題54　分野：アンケート（保護者）　全グループ

〈準 備〉　筆記用具

〈問 題〉　**この問題の絵はありません。**

映像と校長先生のお話を元に、以下、具体的に書きます。
・6年後には、どのように成長していて欲しいですか。
・お子さんの得意・不得意なことは、何ですか。
・入学した後、お子さんに、何かつまずきが生じるのではと思うことがありますか。
・入学後、保護者の方々が、お子さんにできるサポートとは、何ですか。
・ＰＴＡの是非について、ご意見をいただけますか。

〈時 間〉　15分

〈解 答〉　省略

［2023年度出題］

アドバイス

お子さんの性格、性質をよく理解した上で、当校を望んでいるということ、また、当校の方針についての理解と協力があることを確認する内容です。当校の教育方針などを、しっかりと把握され、お子さんを預けたいと思っていらっしゃれば、素直に書かれるとよいでしょう。あまり、仰々しい言葉や、使い慣れない言葉を並べるより、先方には、その思いが伝わるでしょう。但し、文章の書き方は、きまりに倣って、きちんと書きましょう。決められた行数、文字数で、限られた時間内に書き終える必要があります。事前に文章を用意しておきましょう。

【おすすめ問題集】

面接テスト問題集、保護者のための入試面接最強マニュアル

問題1

問題2

問題3

問題4

①

②

③

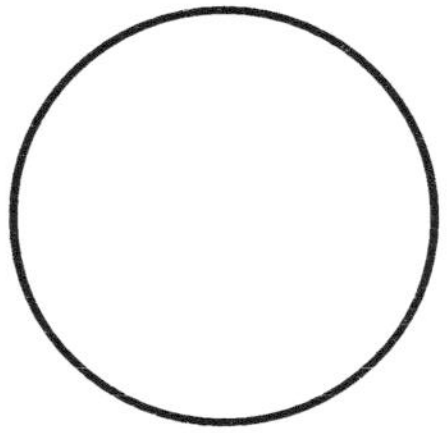

④

⑤

⑥

⑦

⑧

⑨

⑩

問題5

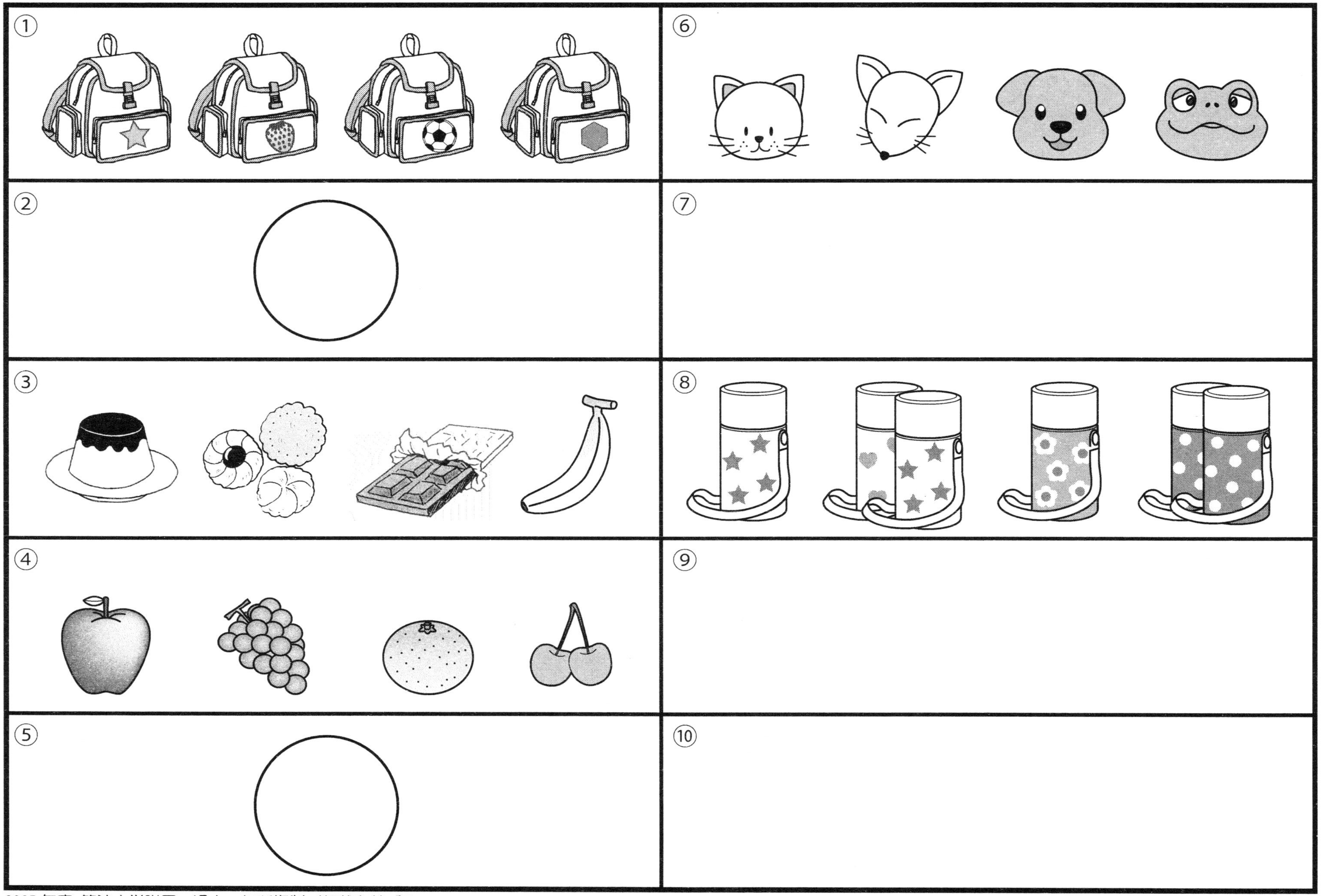

①

②

③

④

⑤

⑥

⑦

⑧

⑨

⑩

問題6

問題７－１

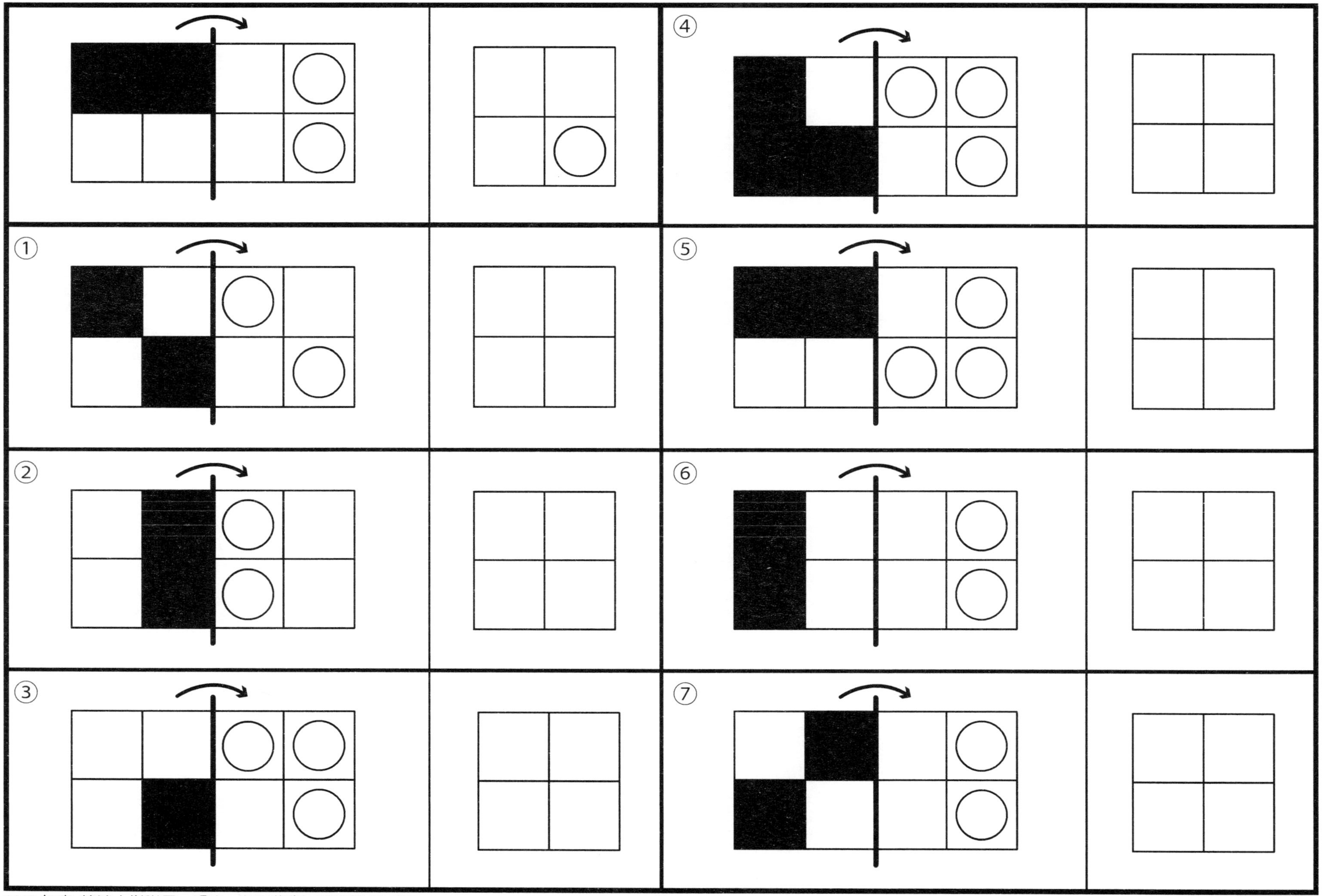

①

②

③

④

⑤

⑥

⑦

問題7－2

⑧

⑨

⑩

⑪

⑫

⑬

⑭

⑮

問題8－1

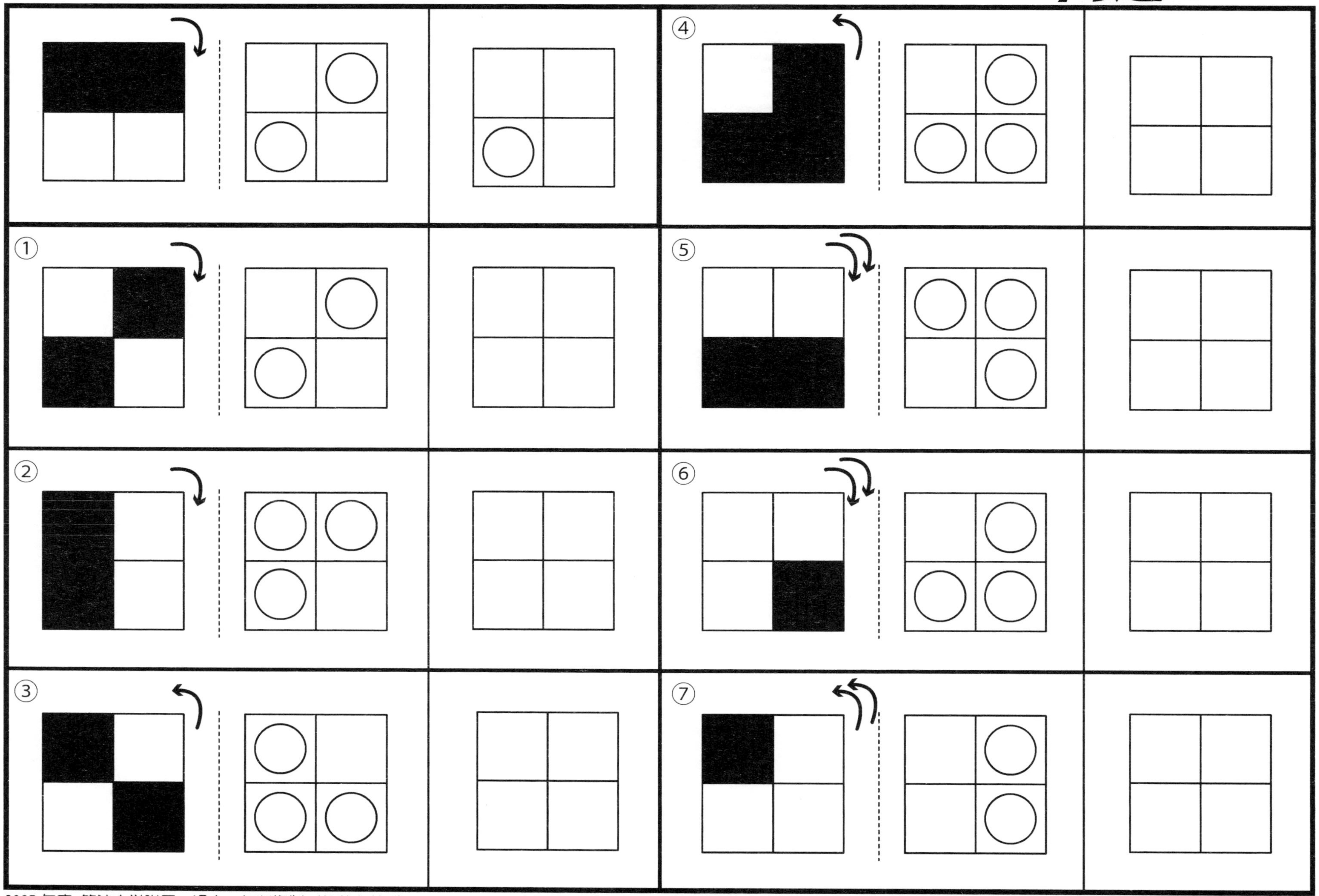

①

②

③

④

⑤

⑥

⑦

問題 8 － 2

⑧

⑨

⑩

⑪

⑫

⑬

⑭

⑮

問題９－１

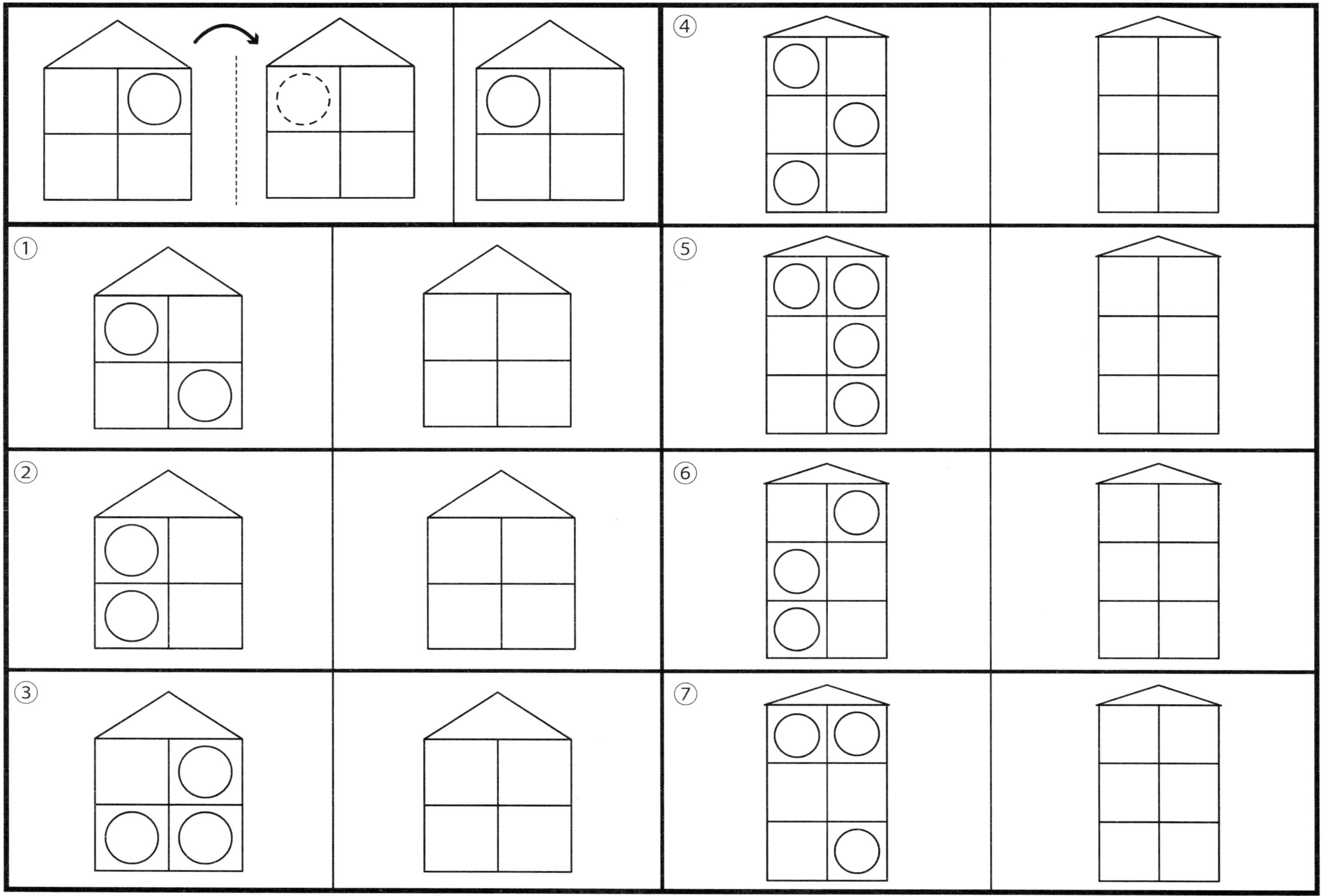

①

②

③

④

⑤

⑥

⑦

日本学習図書株式会社

問題9－2

⑧

⑨

⑩

⑪

⑫

⑬

⑭

⑮

問題10－1

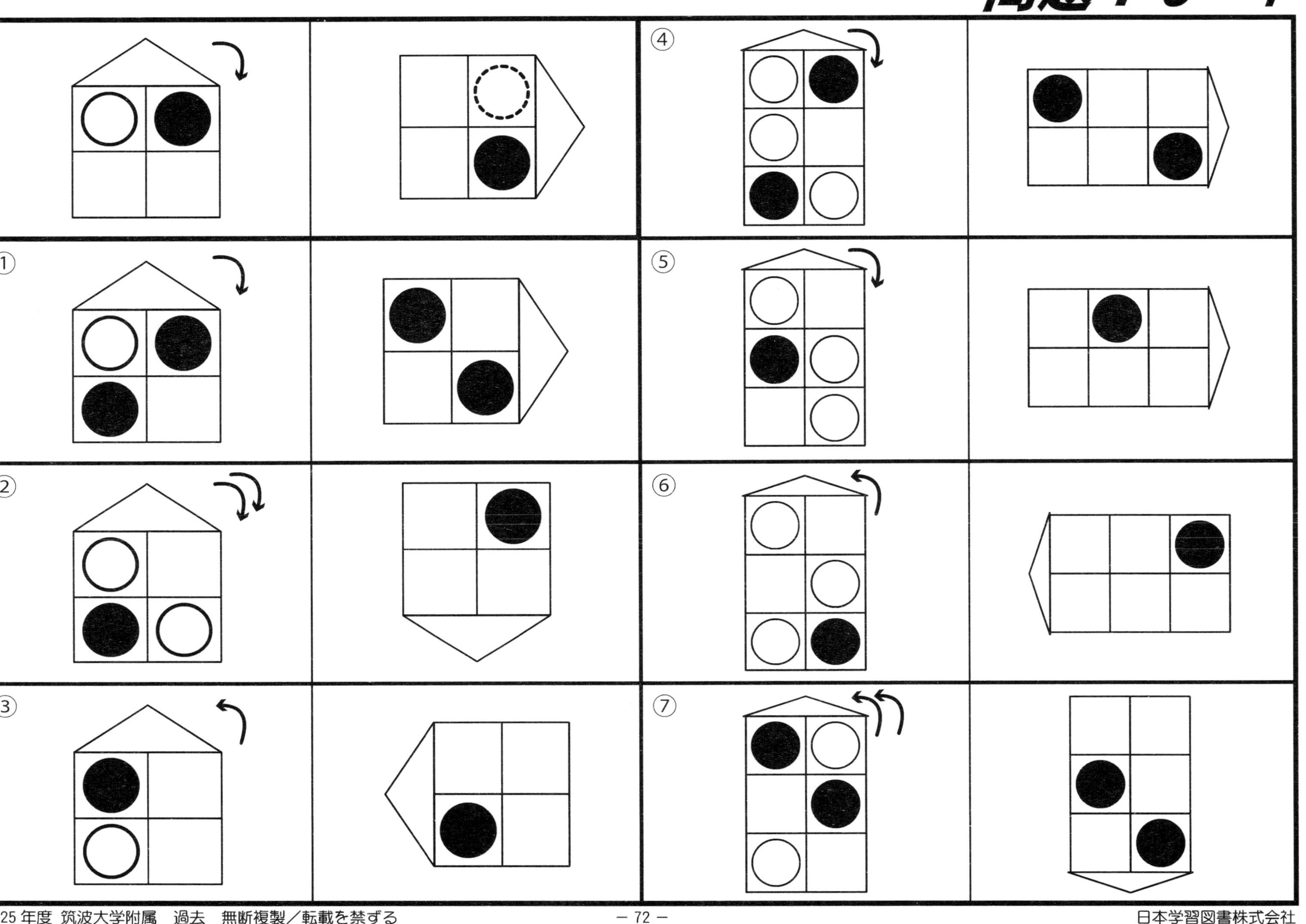

問題１０－２

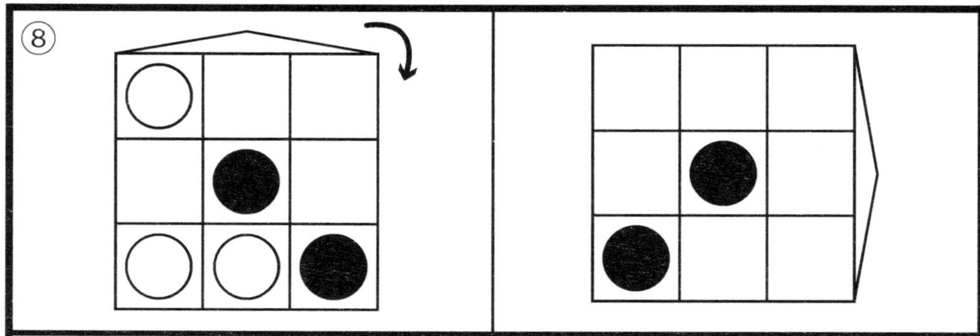

⑧

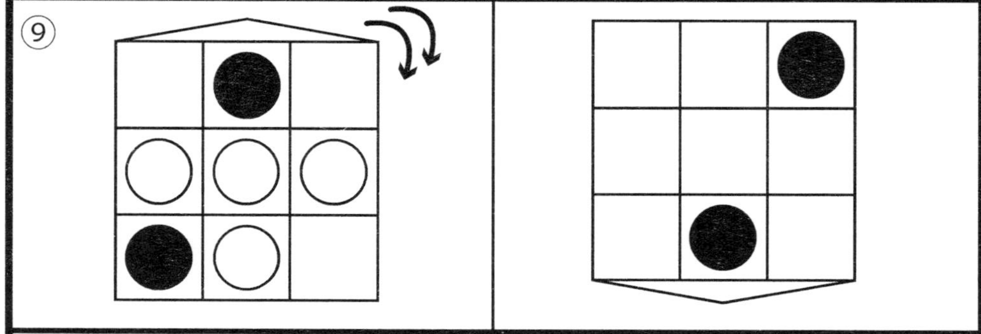

⑨

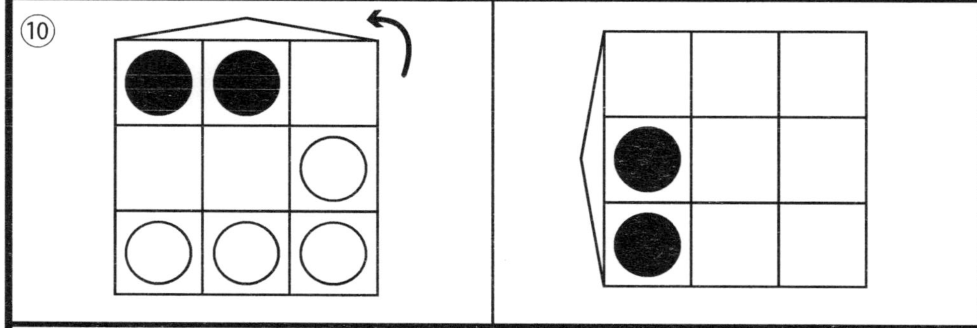

⑩

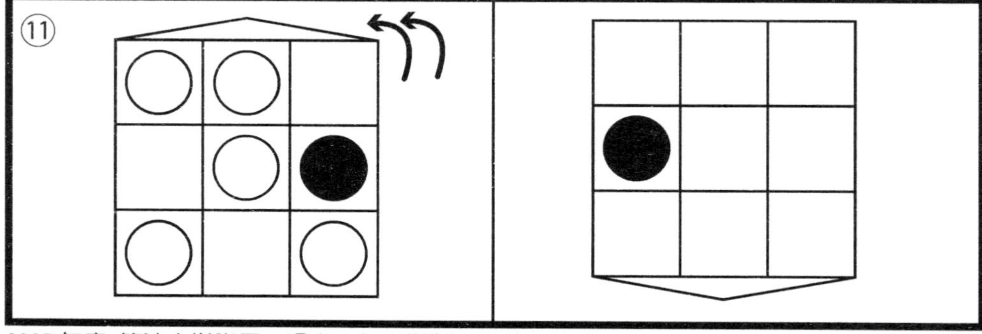

⑪

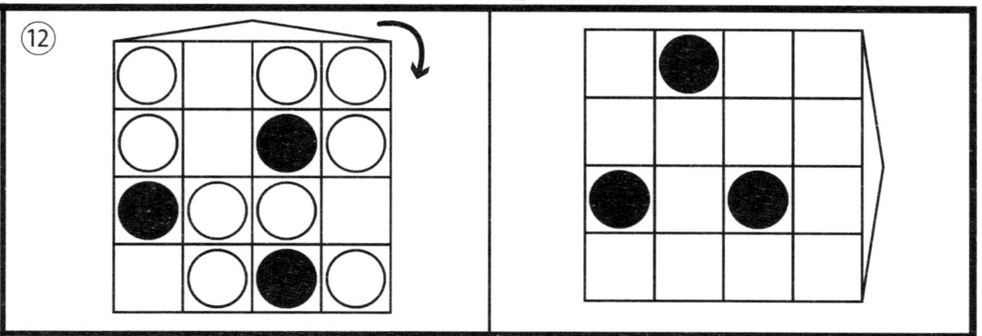

⑫

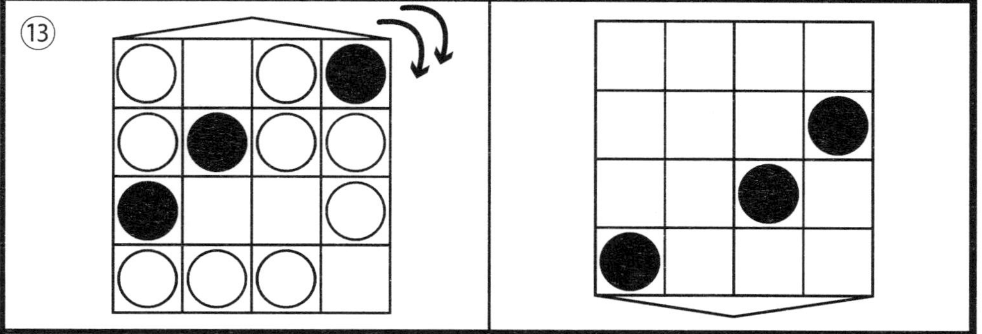

⑬

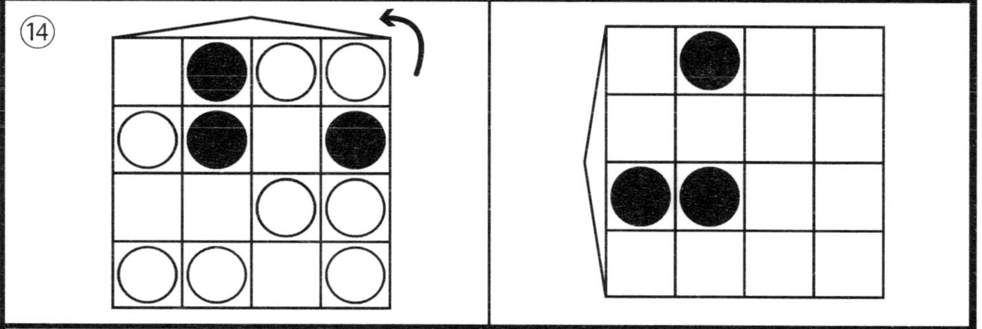

⑭

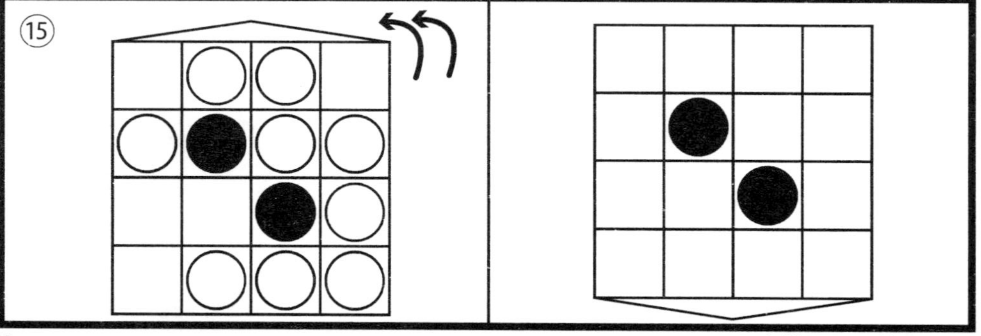

⑮

問題11－1

①

②

③

④

⑤

⑥

⑦

問題11－2

⑧

⑨

⑩

⑪

⑫

⑬

⑭

⑮

問題12－1

①

②

③

④

⑤

⑥

⑦

問題１２－２

⑧

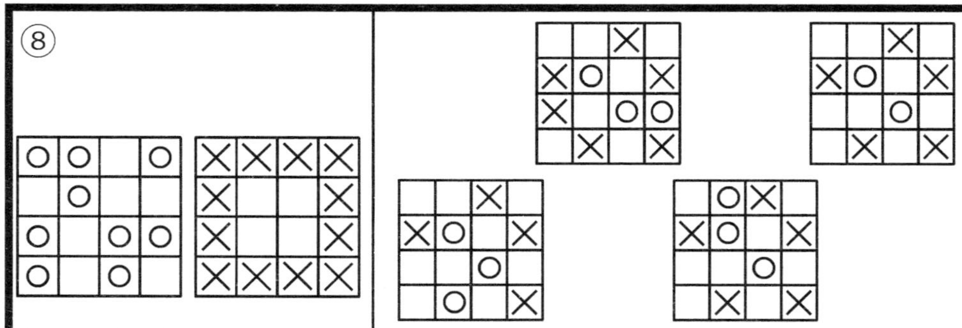

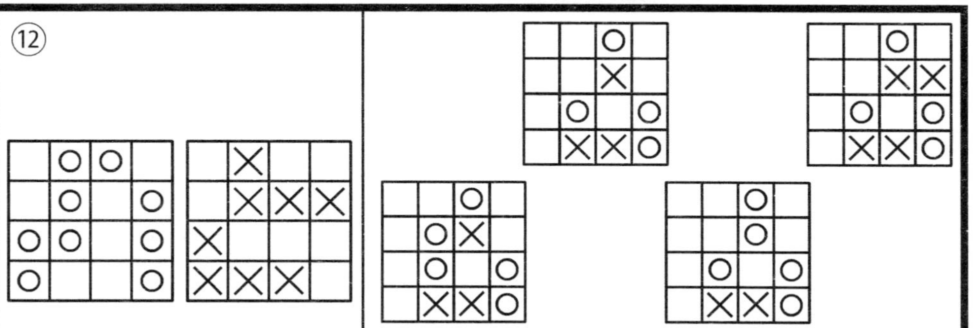

⑨

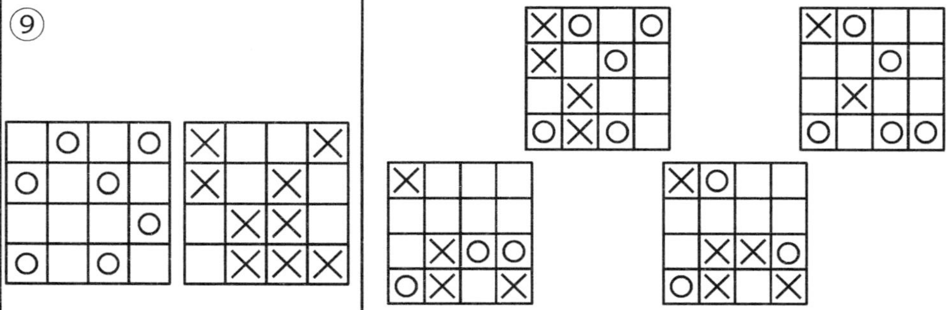

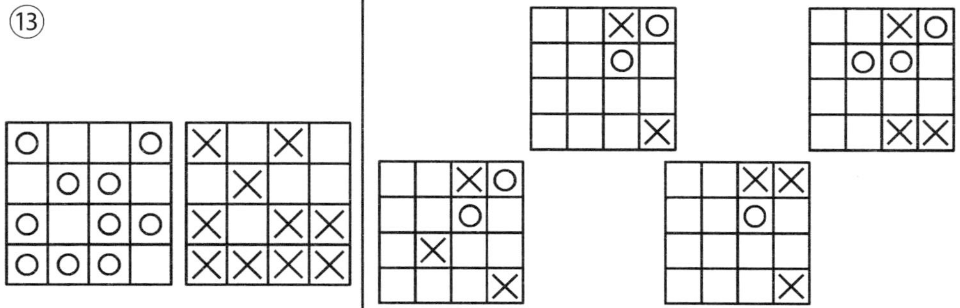

⑩

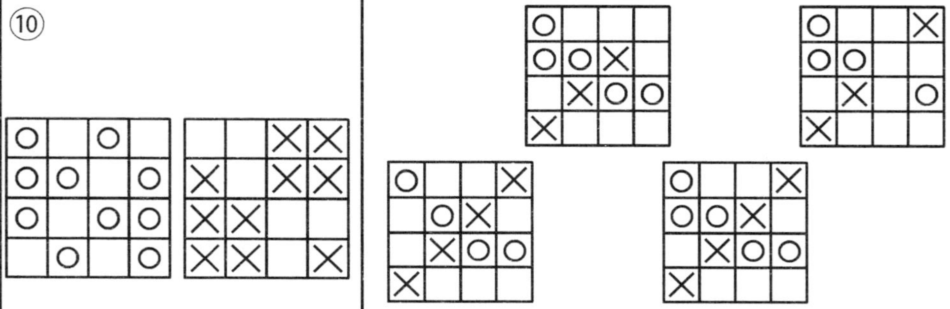

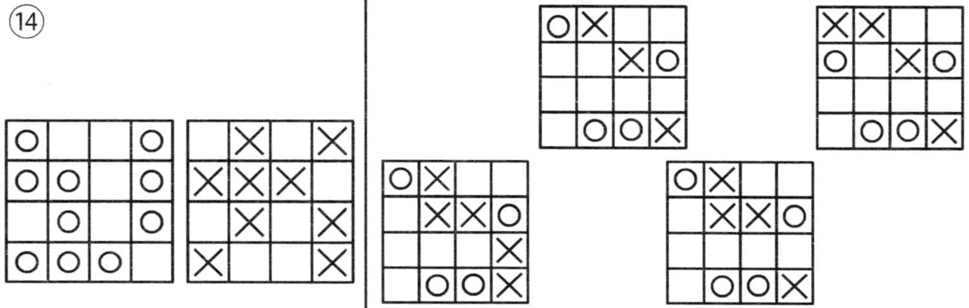

⑪

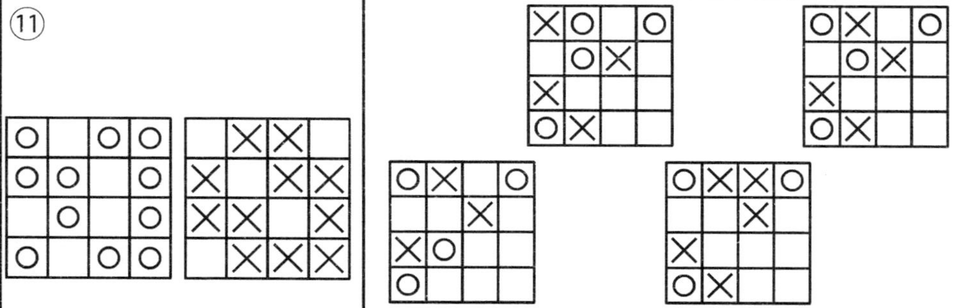

⑫

⑬

⑭

⑮

日本学習図書株式会社

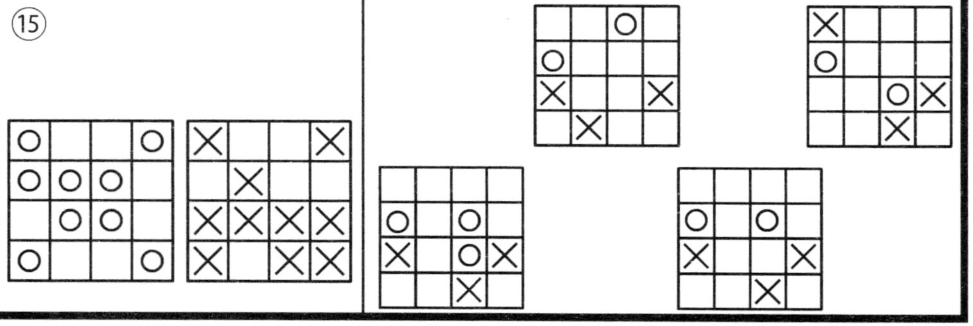

問題１３

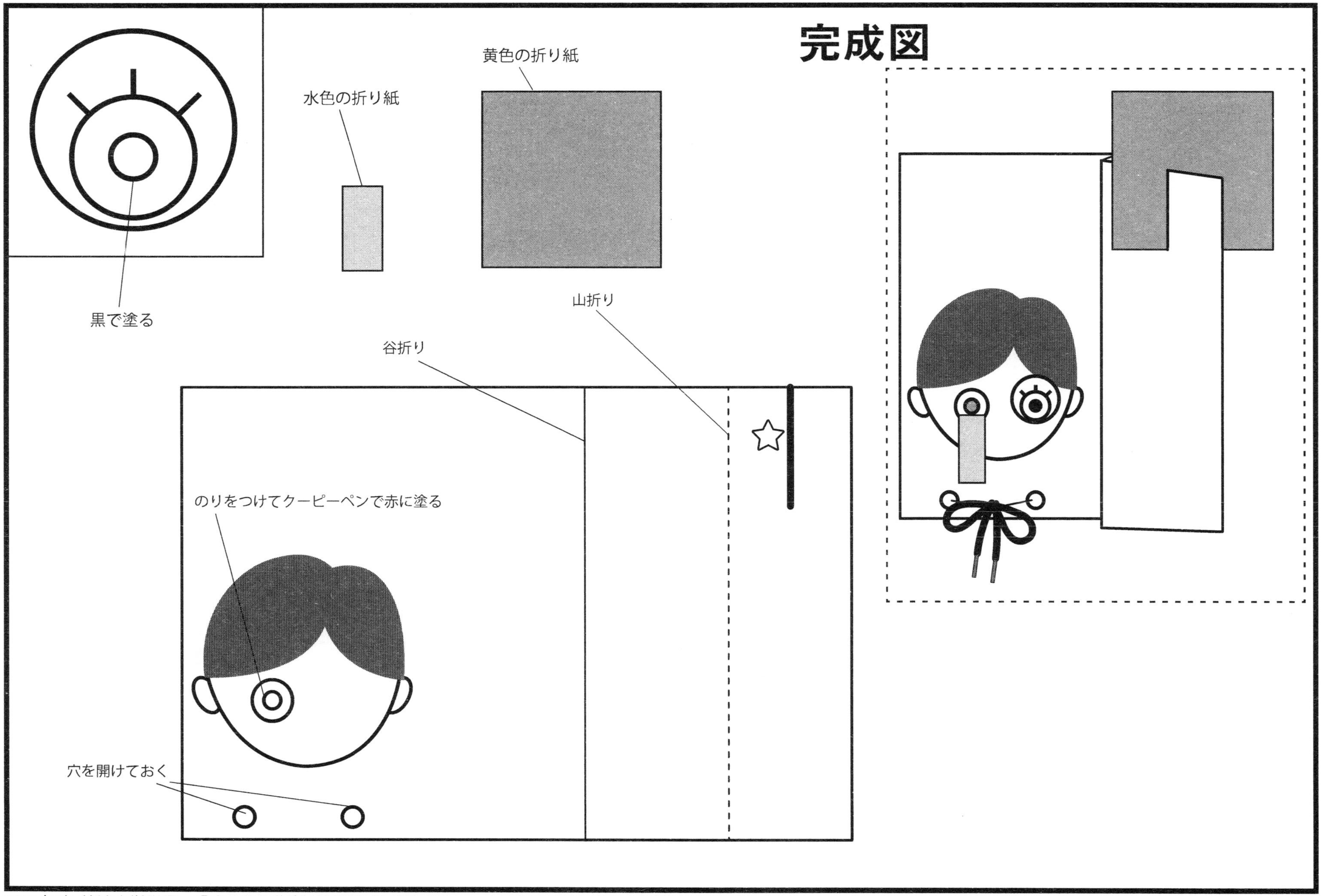

完成図

黒で塗る

水色の折り紙

黄色の折り紙

山折り

谷折り

のりをつけてクーピーペンで赤に塗る

穴を開けておく

問題１４

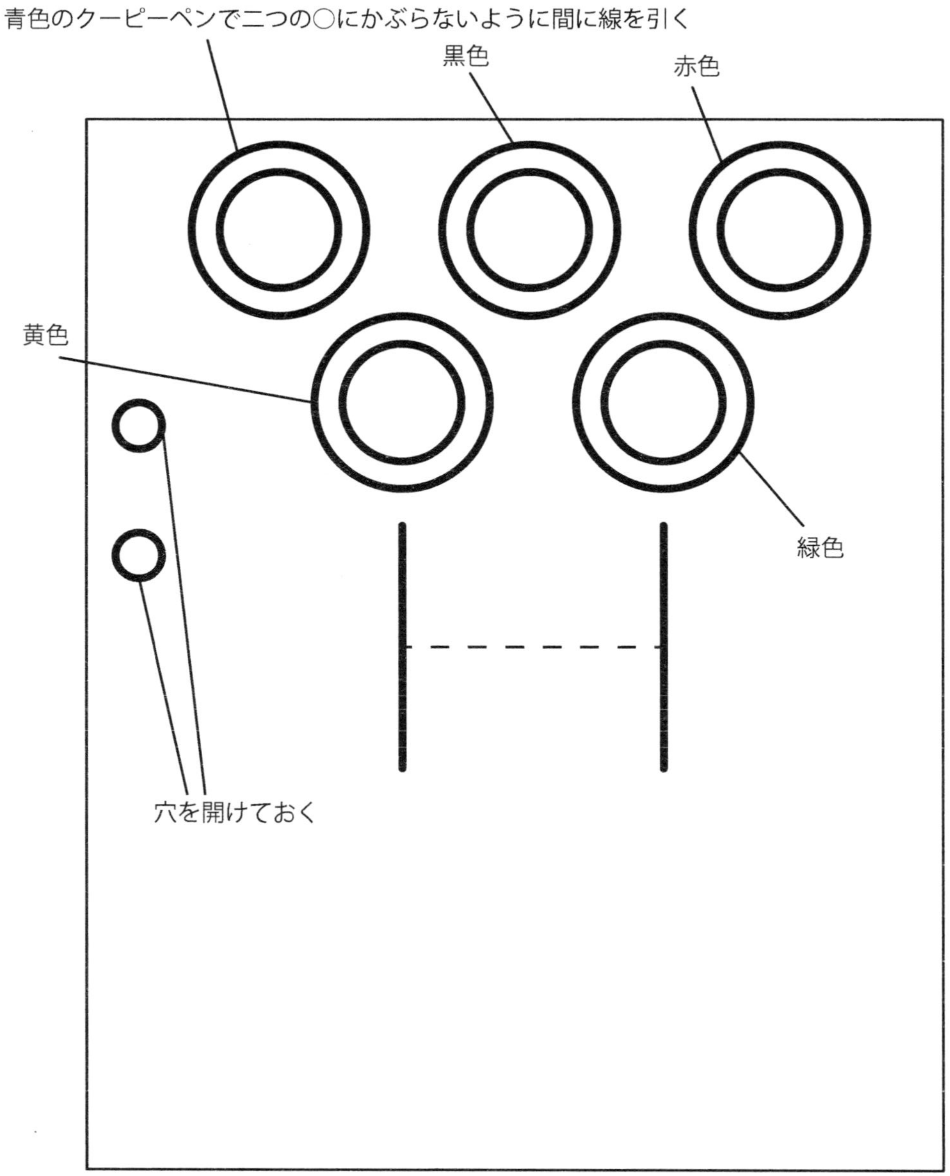

青色のクーピーペンで二つの○にかぶらないように間に線を引く

黒色

赤色

黄色

緑色

穴を開けておく

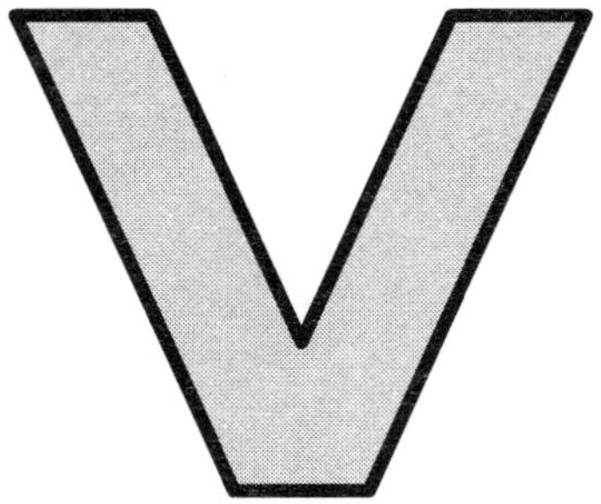

V

完成図

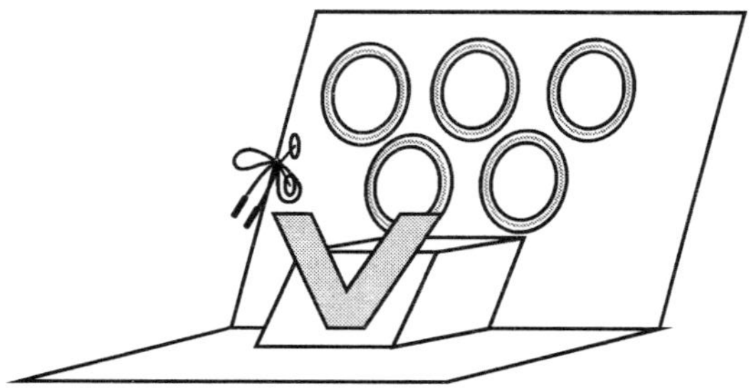

問題１５

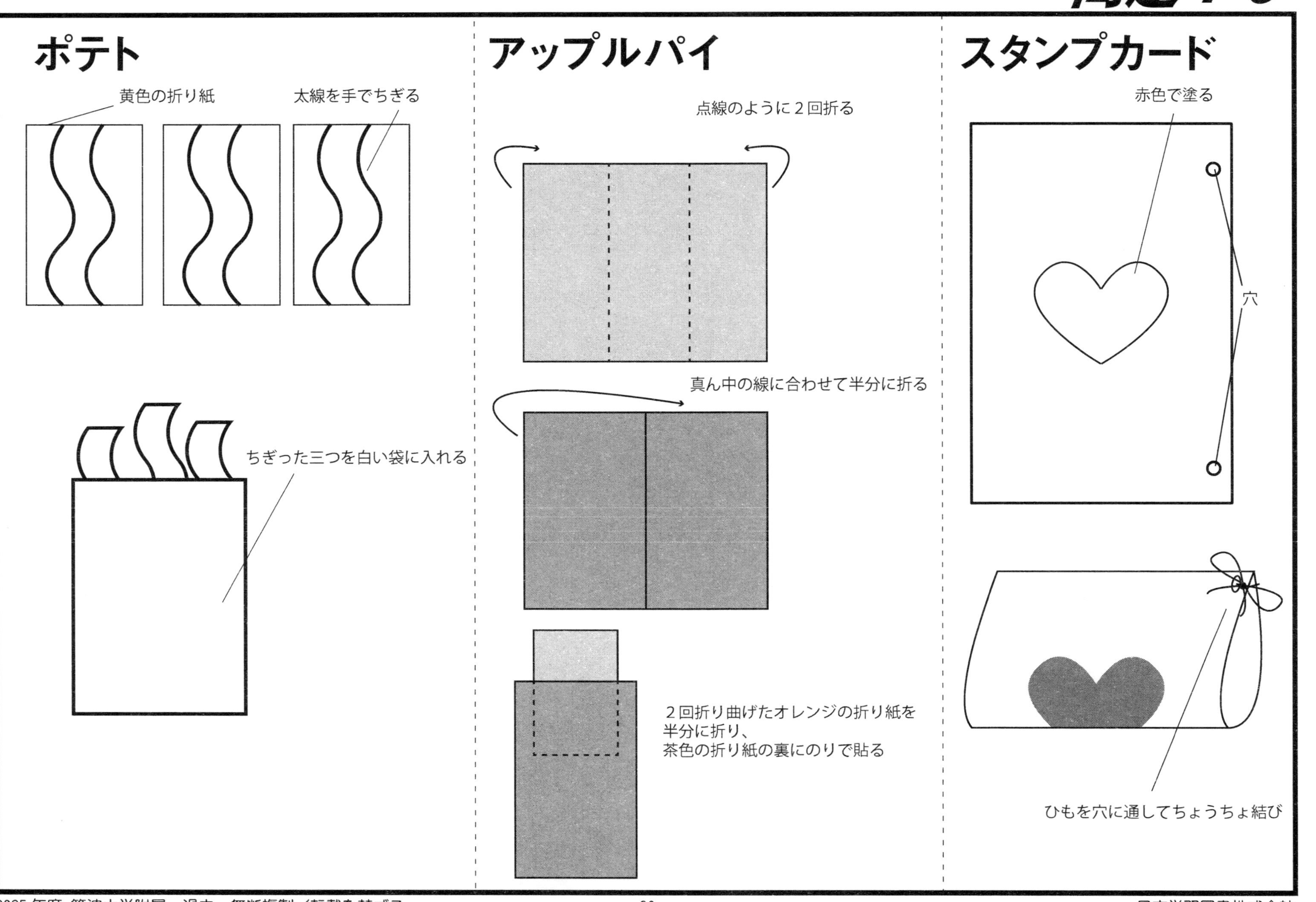
ポテト
黄色の折り紙
太線を手でちぎる
ちぎった三つを白い袋に入れる
アップルパイ
点線のように２回折る
真ん中の線に合わせて半分に折る
２回折り曲げたオレンジの折り紙を
半分に折り、
茶色の折り紙の裏にのりで貼る
スタンプカード
赤色で塗る
穴
ひもを穴に通してちょうちょ結び

問題１６

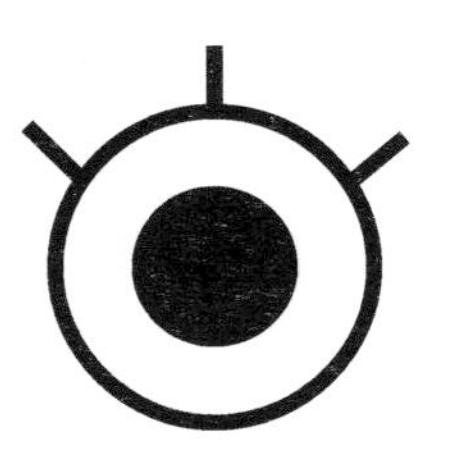

のりをつけて筒状にまるめる、まるめたら赤いシールでとめる

赤いシール

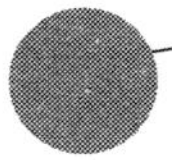

穴

お皿の間の２本の線の間を青のクーピーペンでなぞる

完成図

問題１７

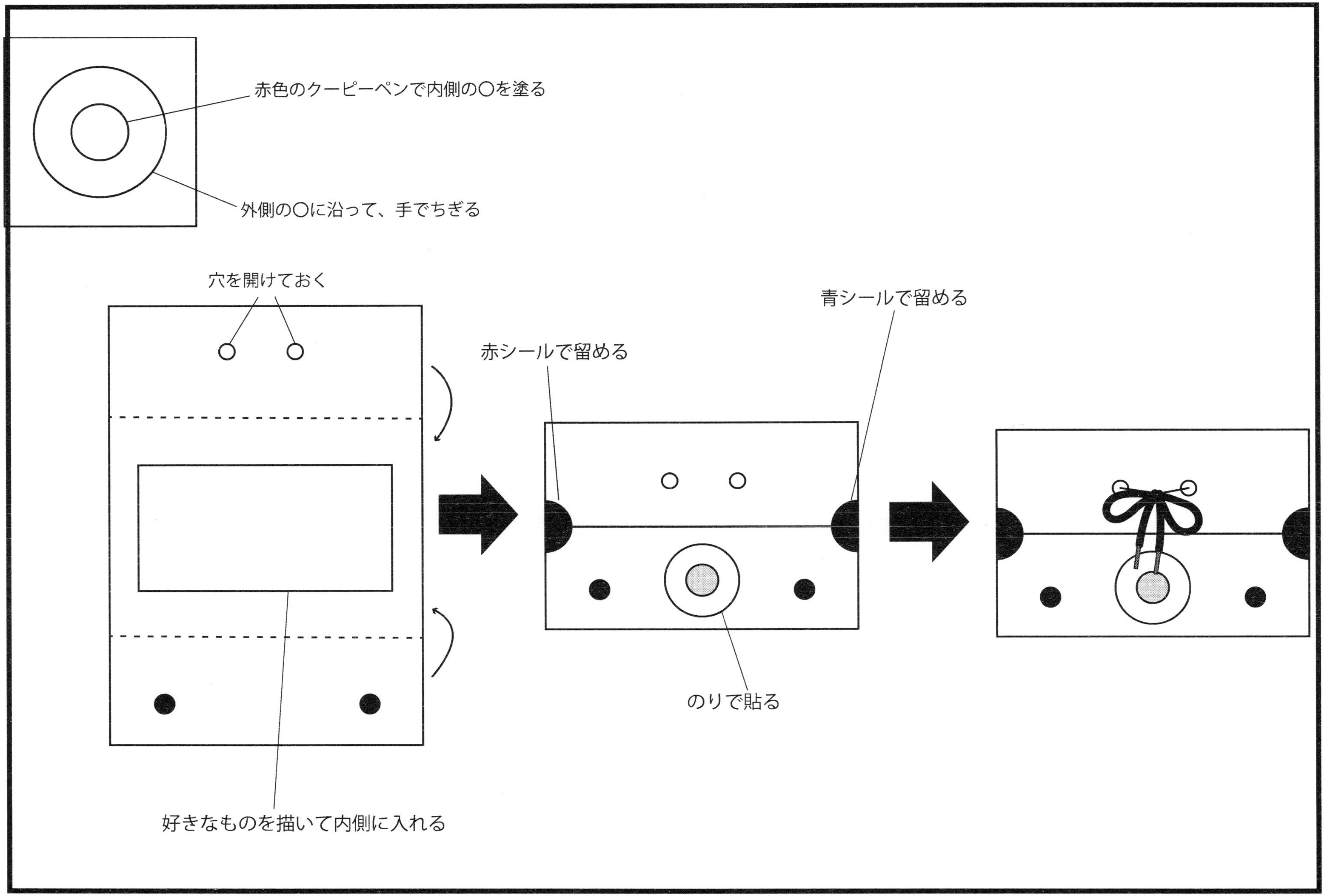

赤色のクーピーペンで内側の○を塗る

外側の○に沿って、手でちぎる

穴を開けておく

好きなものを描いて内側に入れる

赤シールで留める

青シールで留める

のりで貼る

問題１８

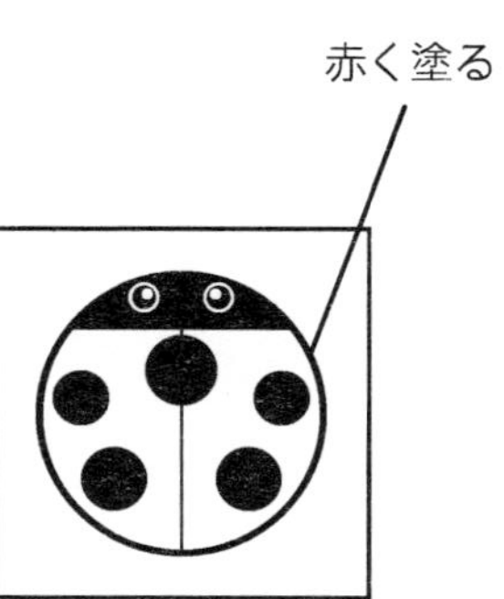

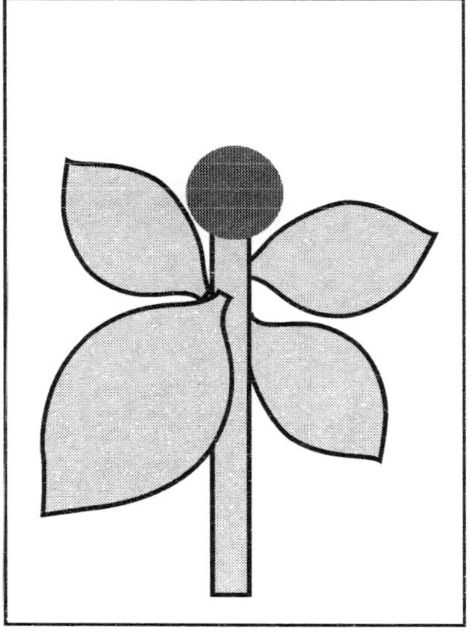

完成図

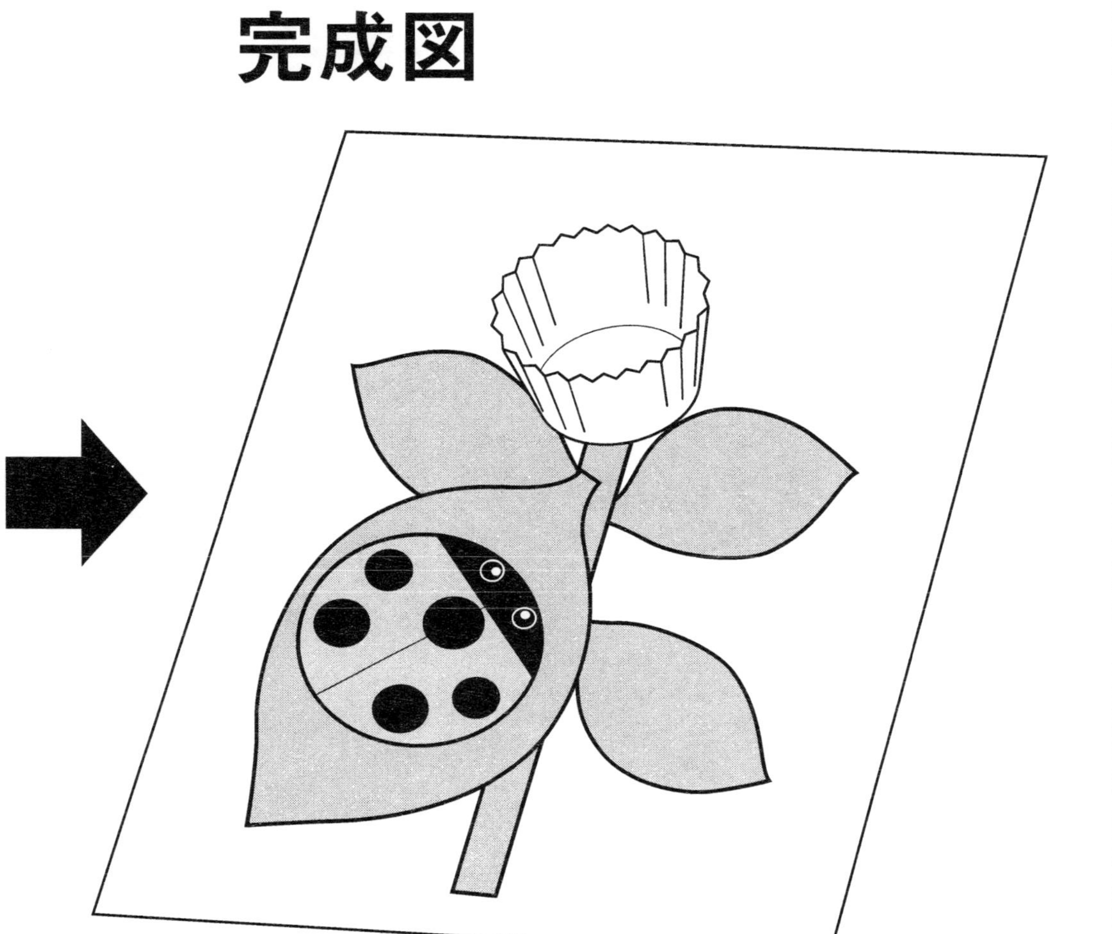

問題２５

①

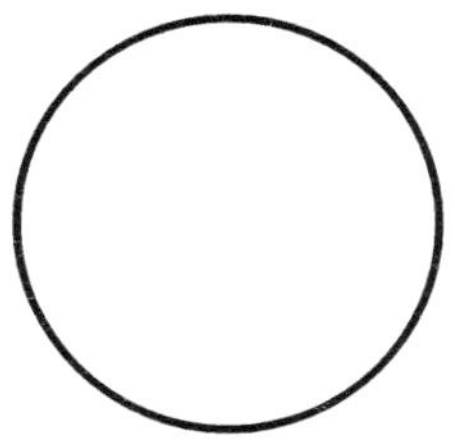

②

③

④

⑤

⑥

⑦

⑧

⑨

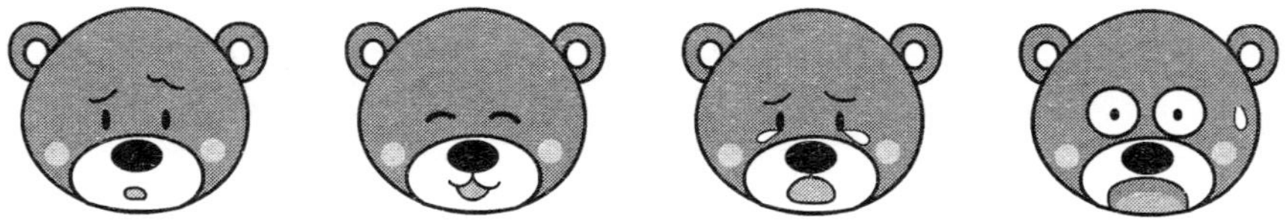

⑩

問題２６

①

②

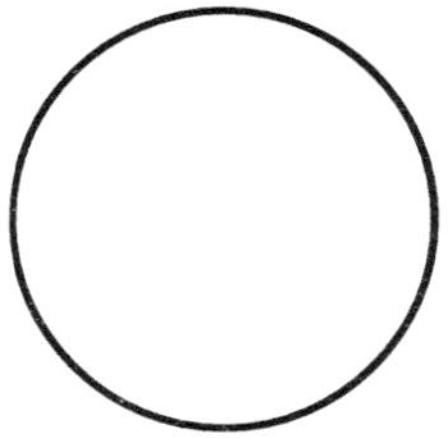

③

④

⑤

⑥

⑦

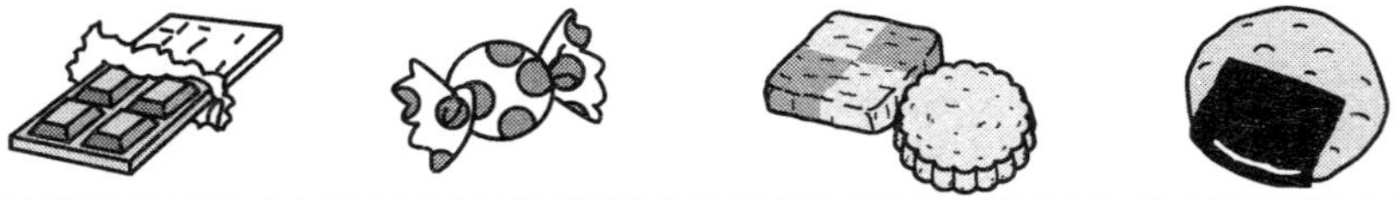

⑧

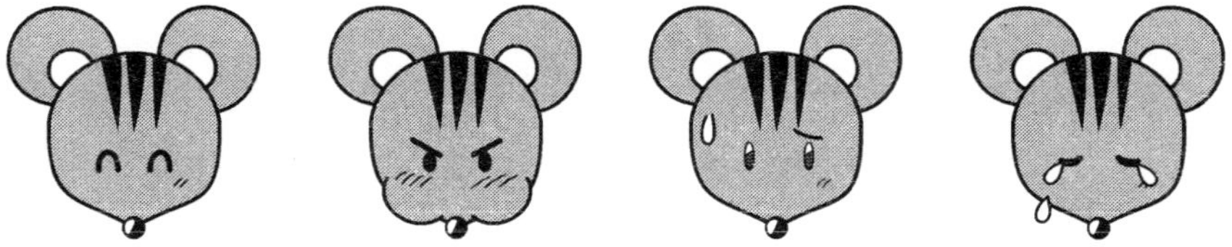

⑨

⑩

問題２７

①

②

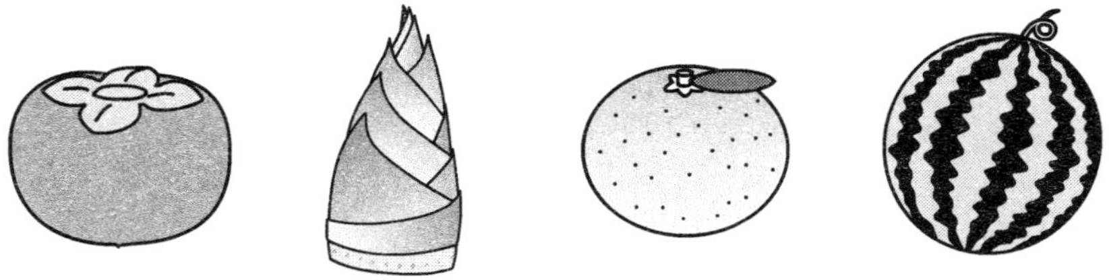

③

④

⑤

⑥

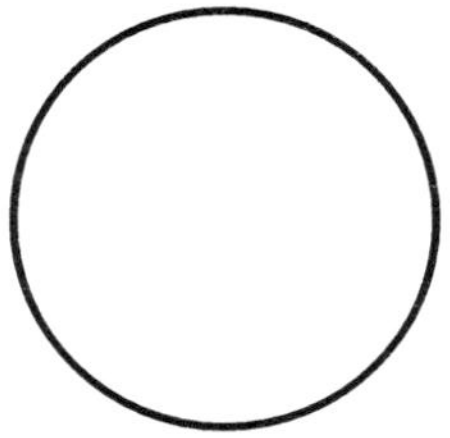

⑦

⑧

⑨

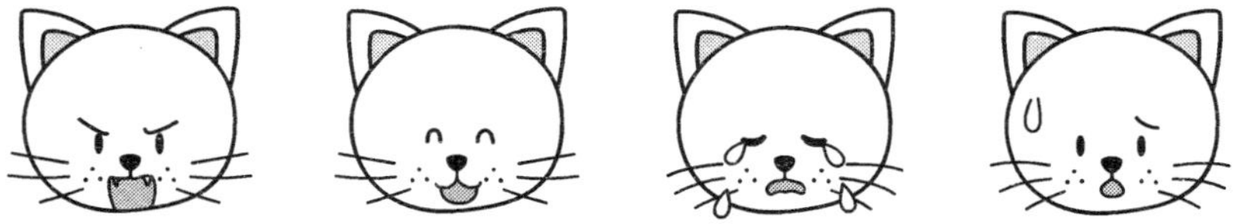

⑩

日本学習図書株式会社

問題28

①

②

③

④

⑤

⑥

⑦

⑧

⑨

⑩

問題２９

問題３０

①

②

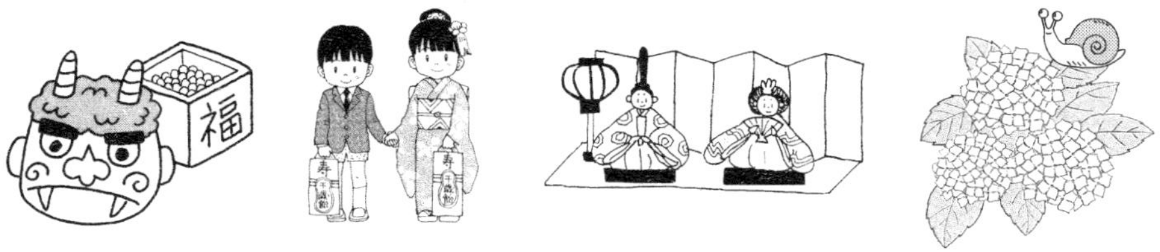

福

③

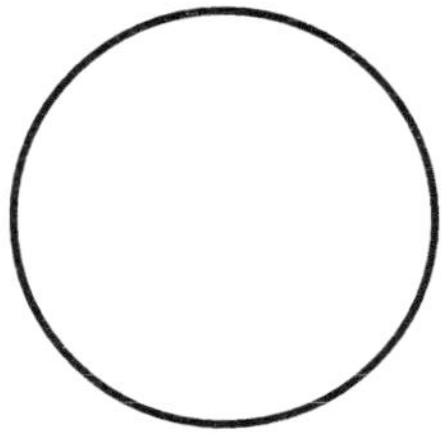

④

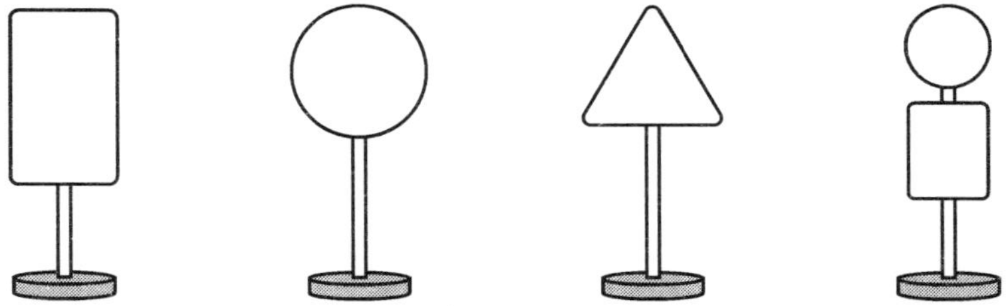

⑤

⑥

⑦

⑧

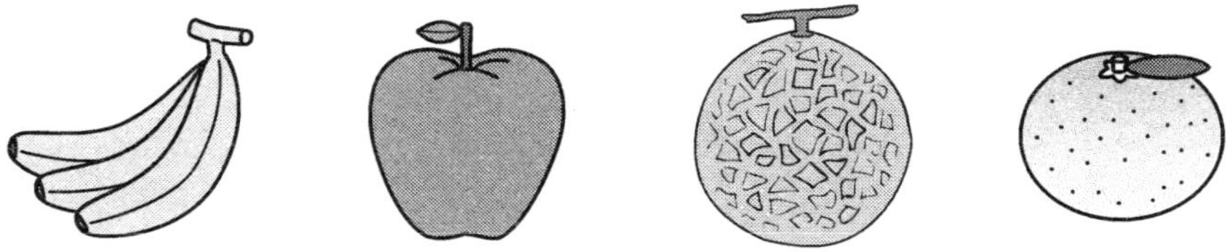

⑨

⑩

問題3 1－1

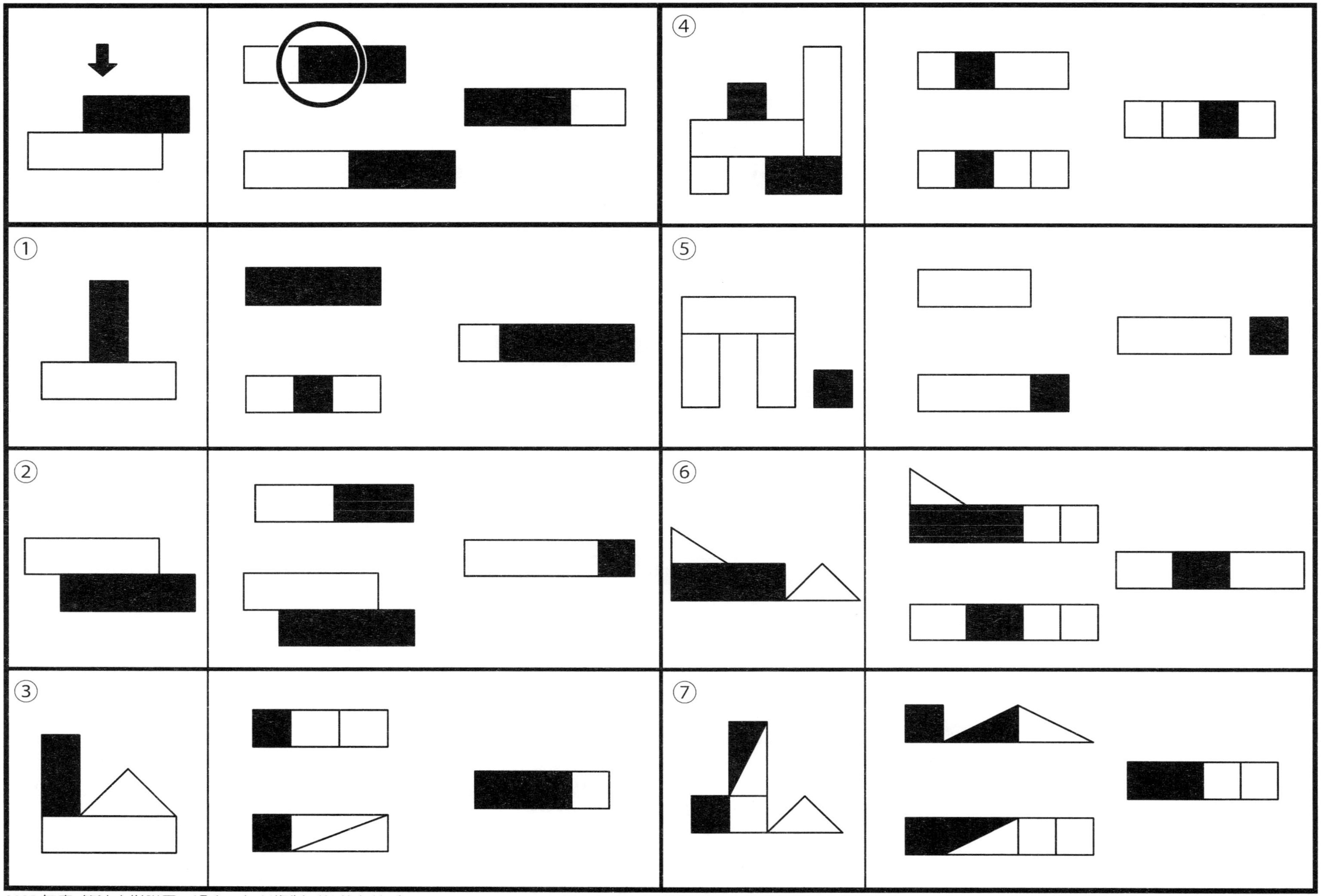

①

②

③

④

⑤

⑥

⑦

日本学習図書株式会社

問題3 1－2

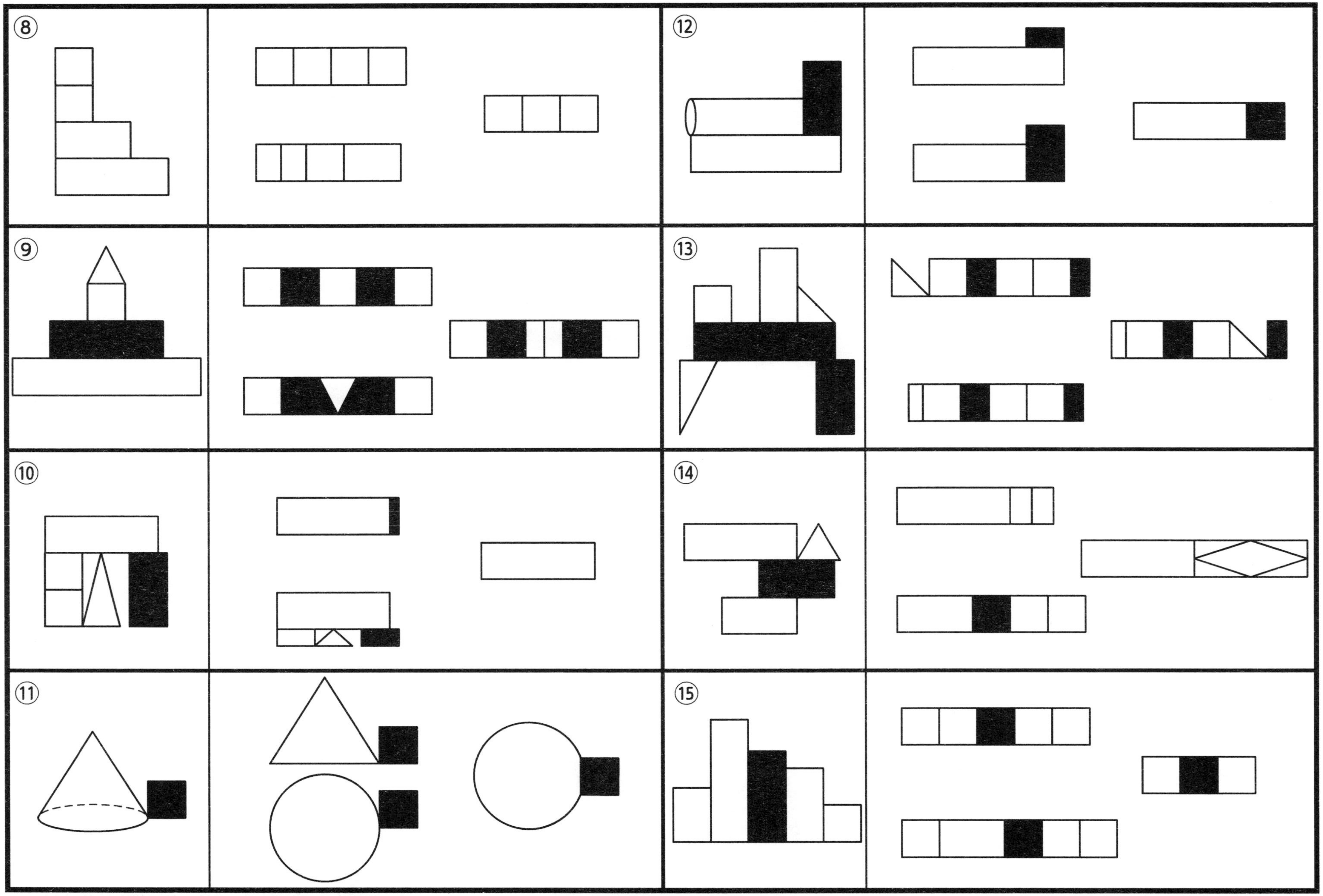

⑧

⑨

⑩

⑪

⑫

⑬

⑭

⑮

問題３２－１

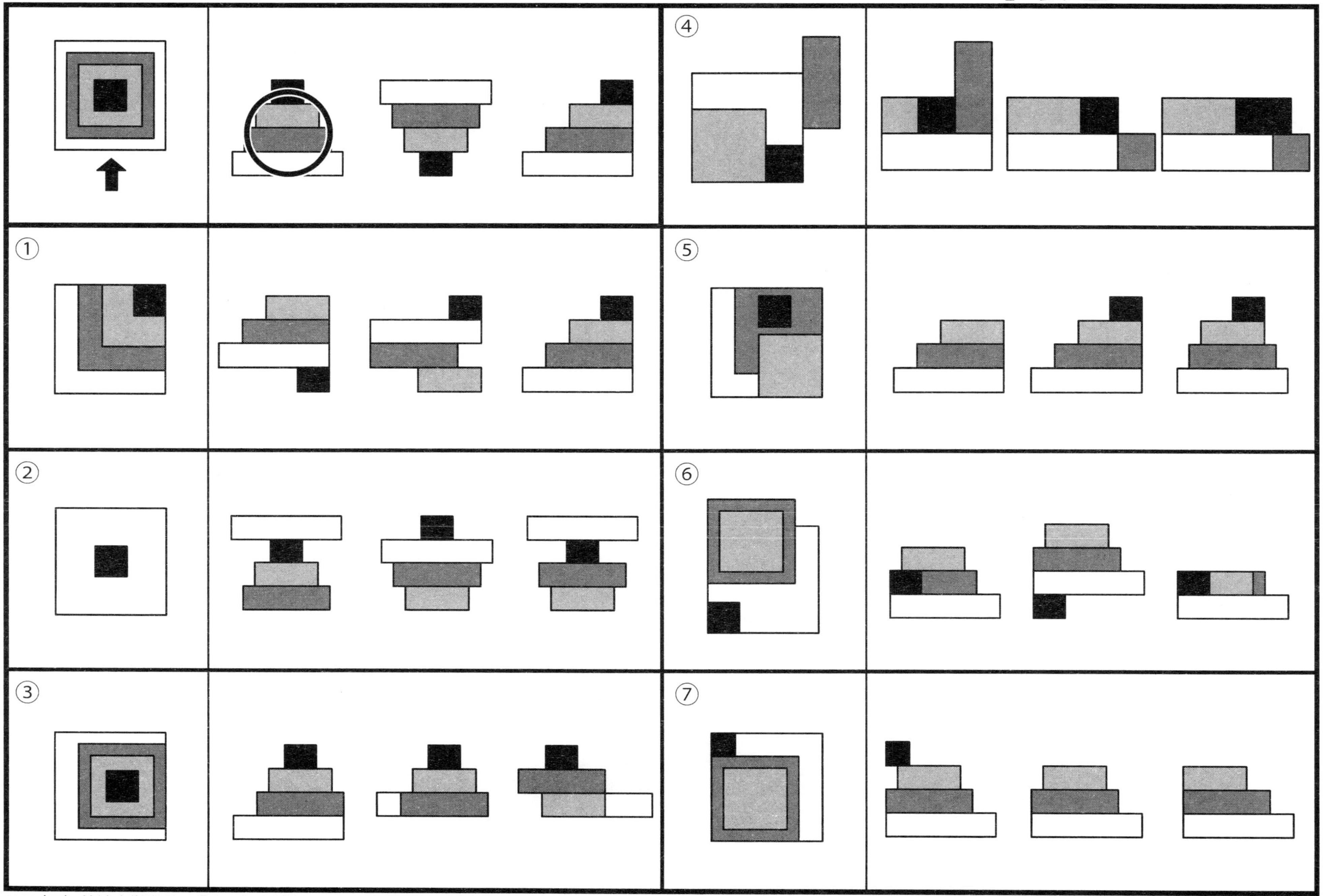

		④	
①		⑤	
②		⑥	
③		⑦	

問題3 2－2

⑧

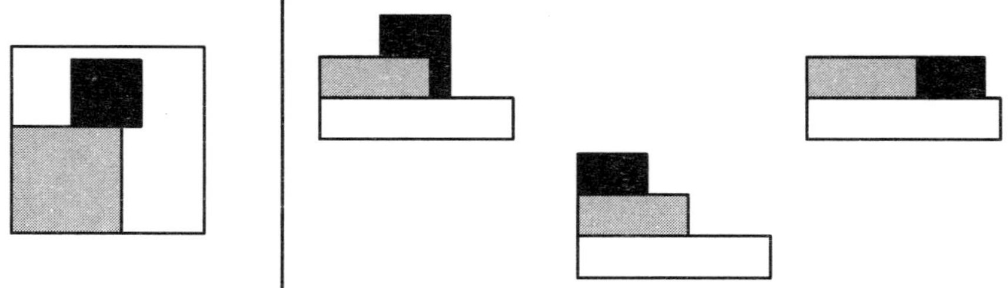

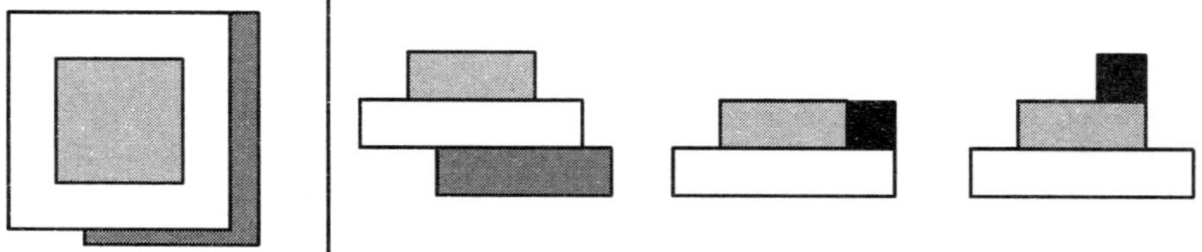

⑫

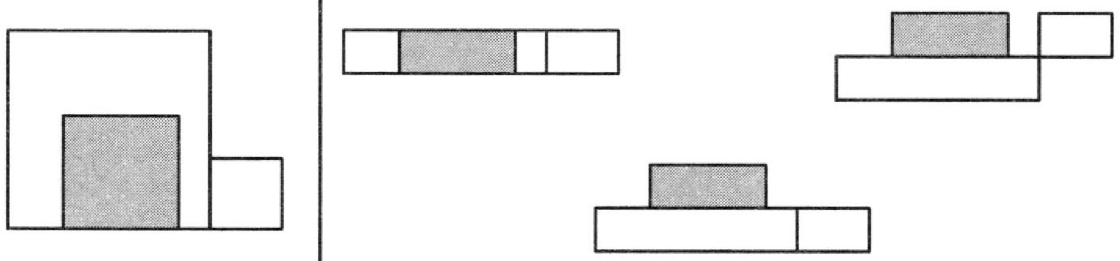

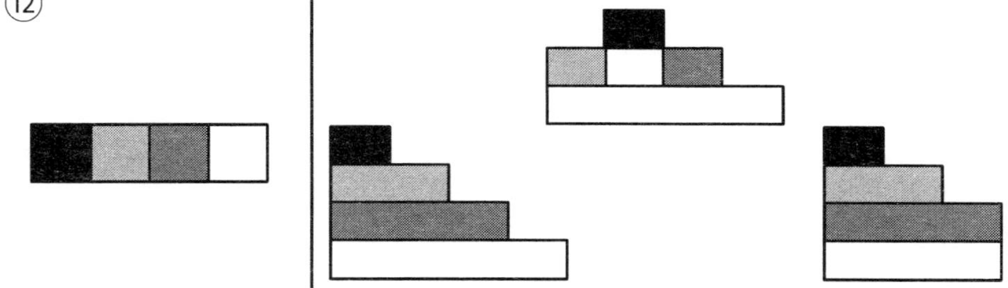

⑨

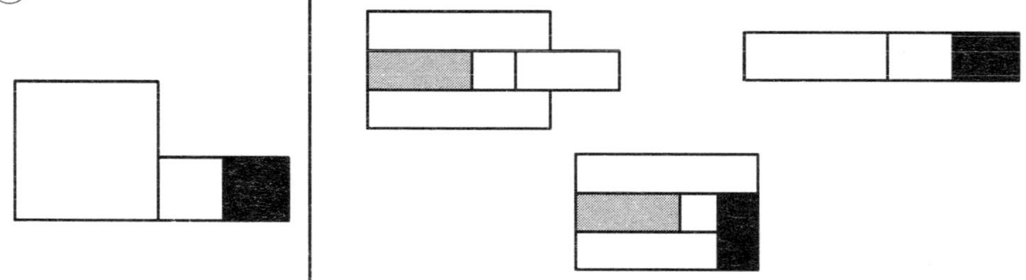

⑬

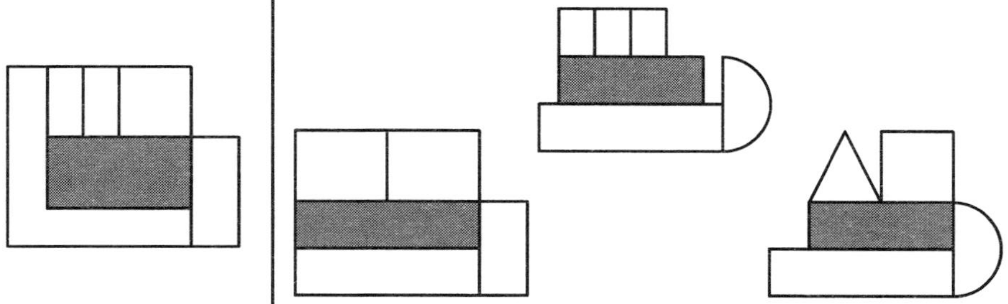

⑩

⑭

⑪

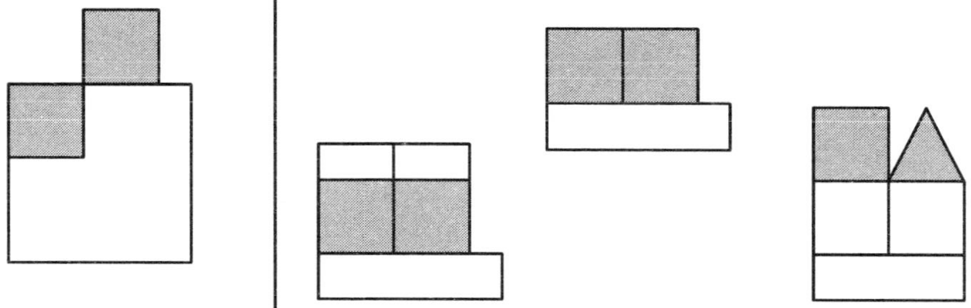

⑮

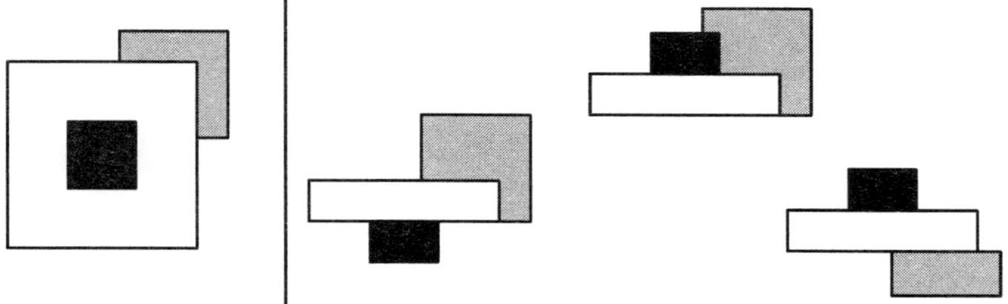

問題３３－１

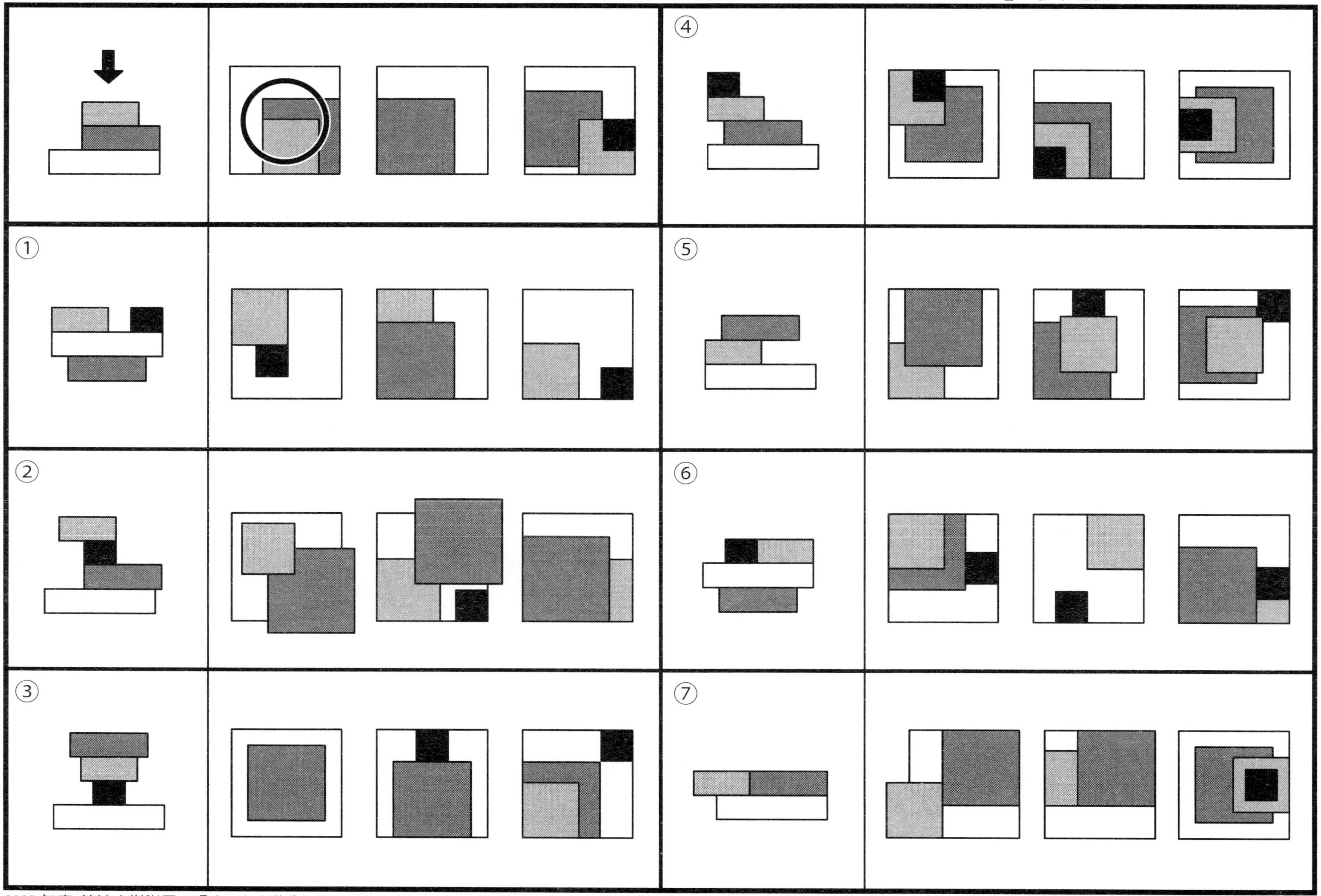

①

②

③

④

⑤

⑥

⑦

問題33－2

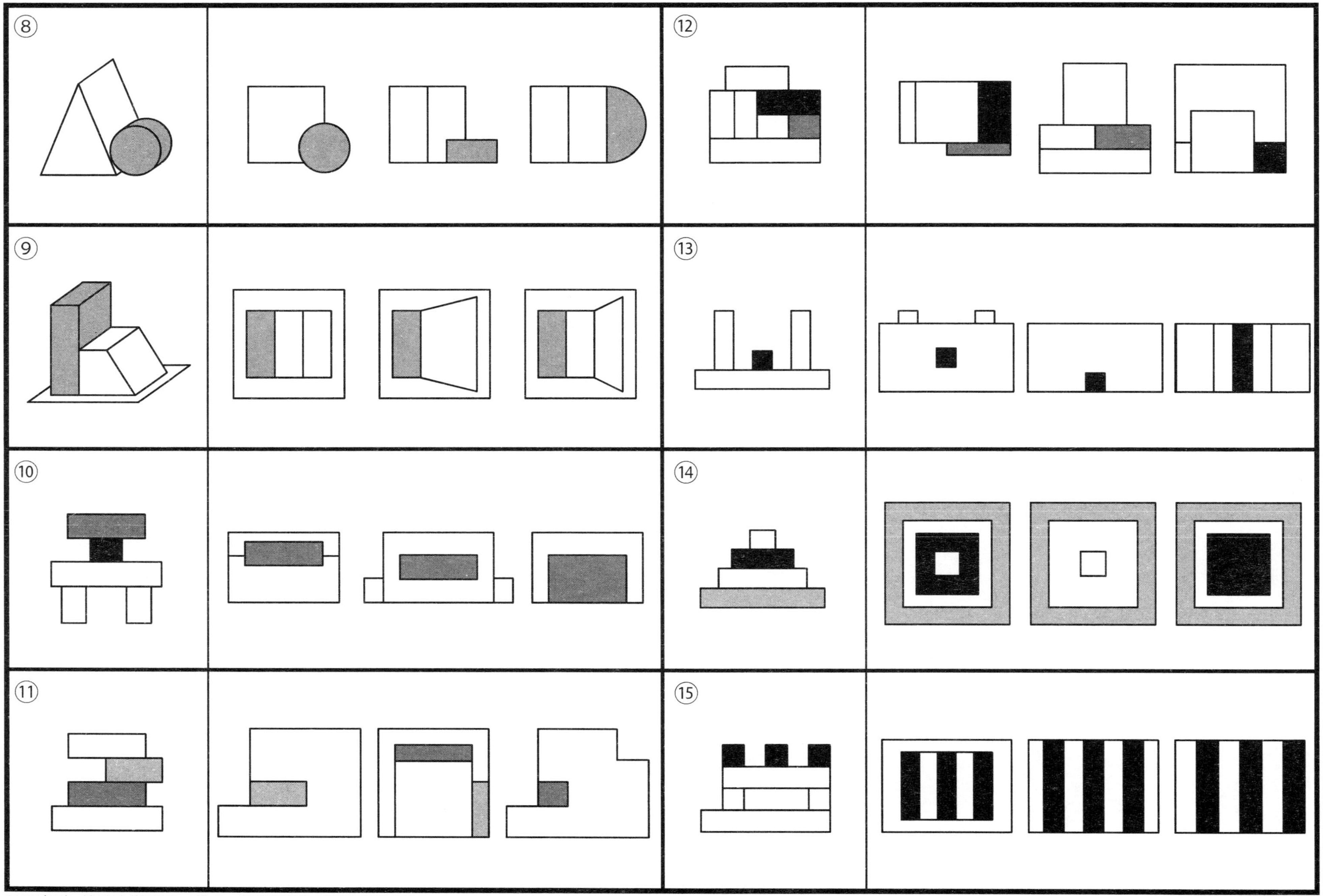

⑧

⑨

⑩

⑪

⑫

⑬

⑭

⑮

問題3 4－1

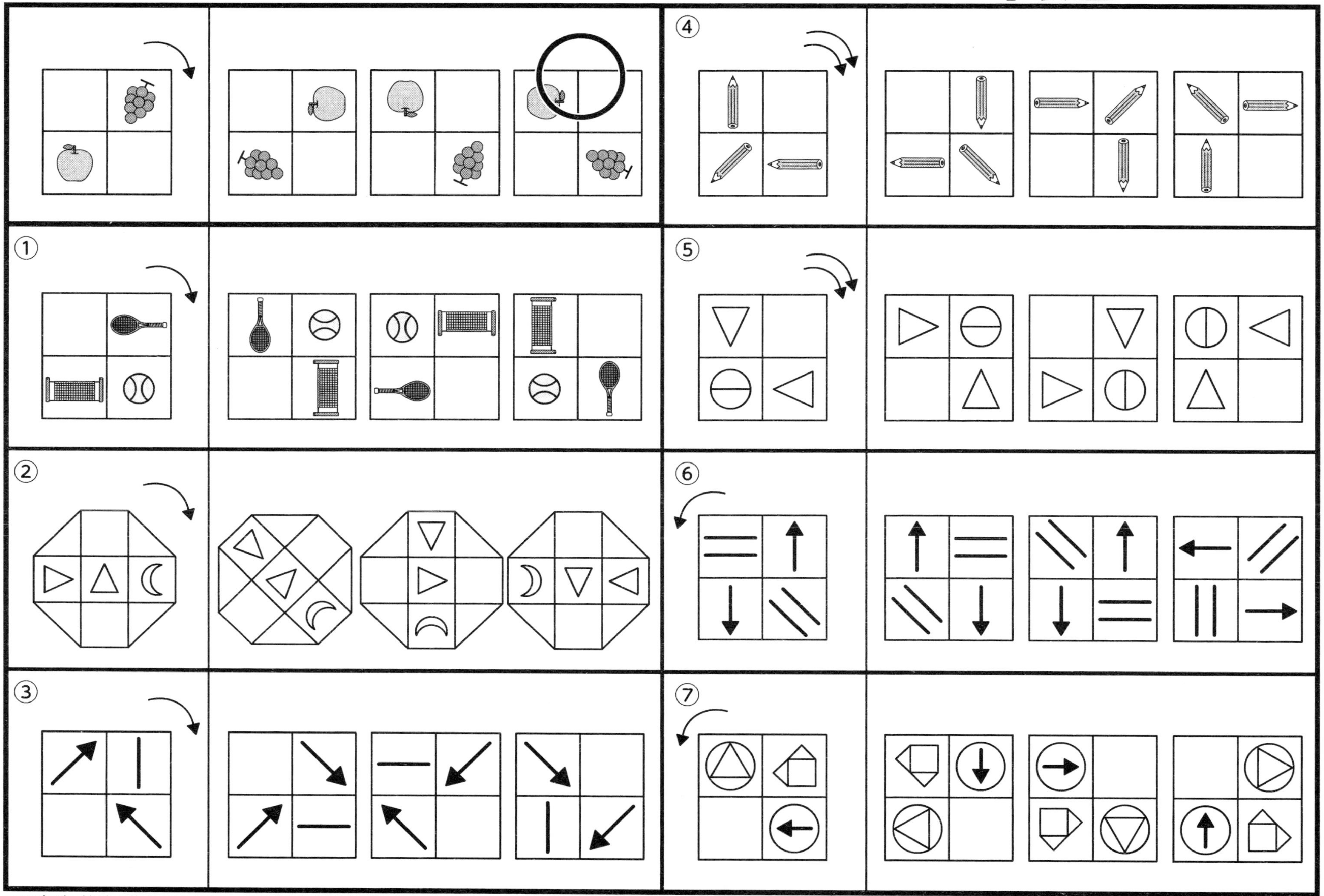

①

②

③

④

⑤

⑥

⑦

問題3 4－2

⑧

⑫

⑨

⑬

⑩

⑭

⑪

⑮

問題３５－１

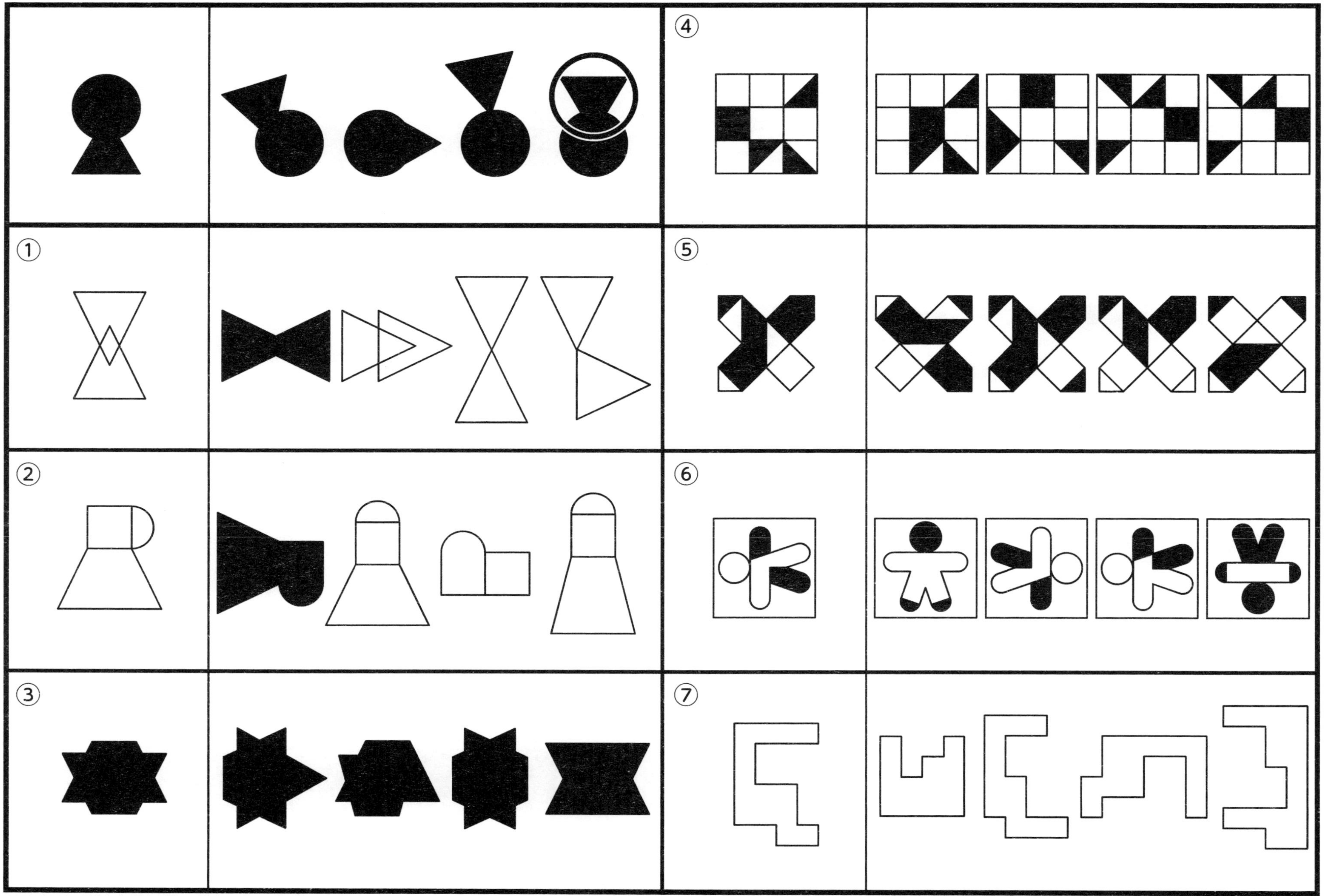

①

②

③

④

⑤

⑥

⑦

問題３５－２

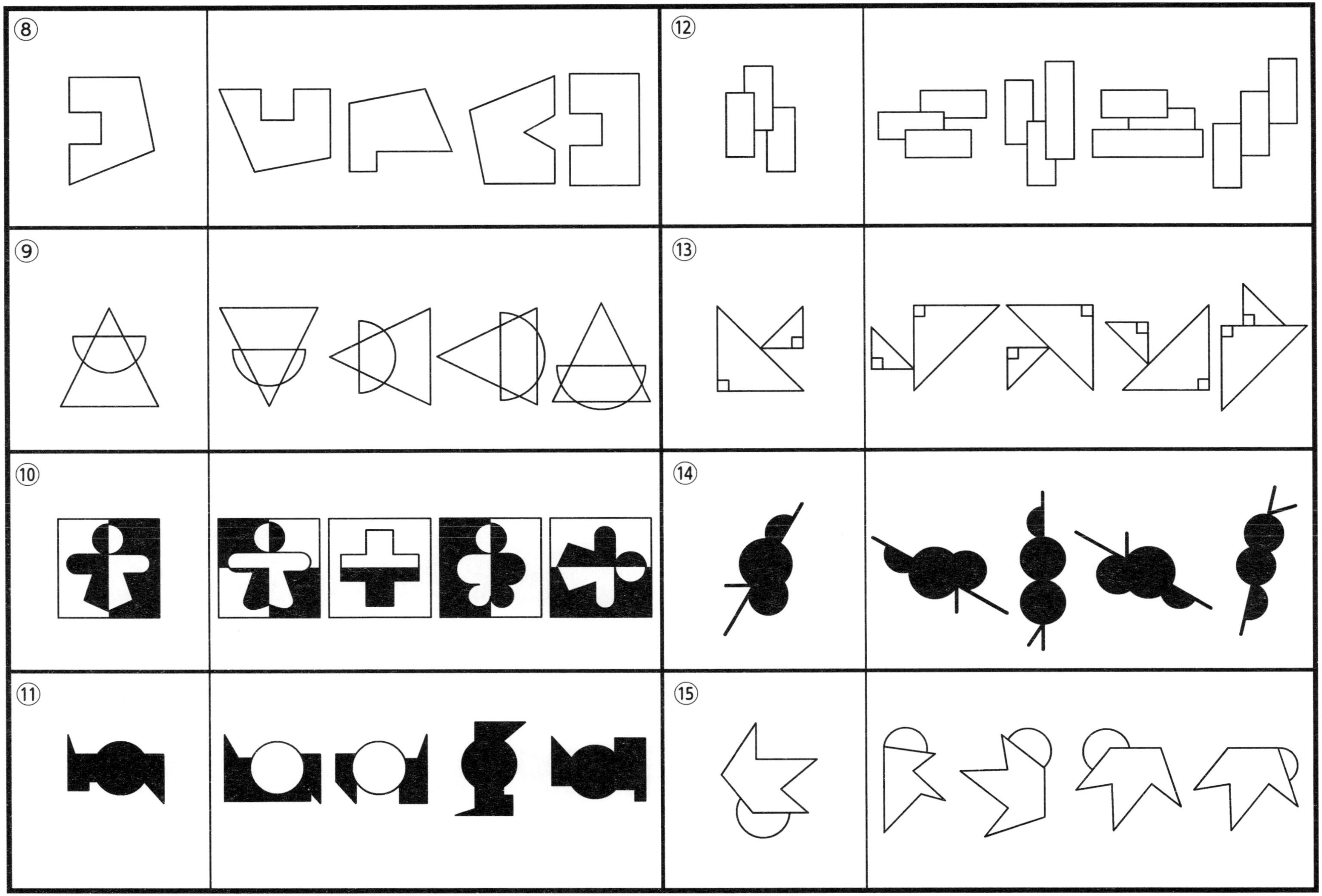

⑧

⑨

⑩

⑪

⑫

⑬

⑭

⑮

問題３６

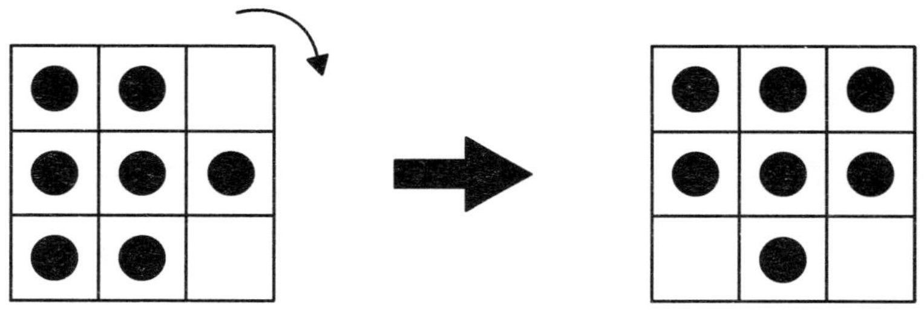

①

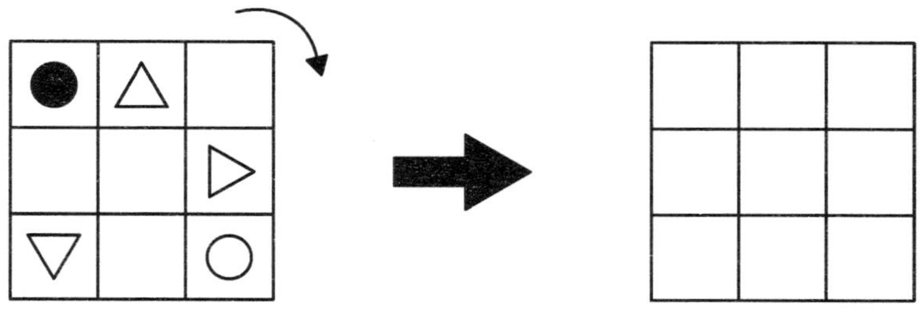

②

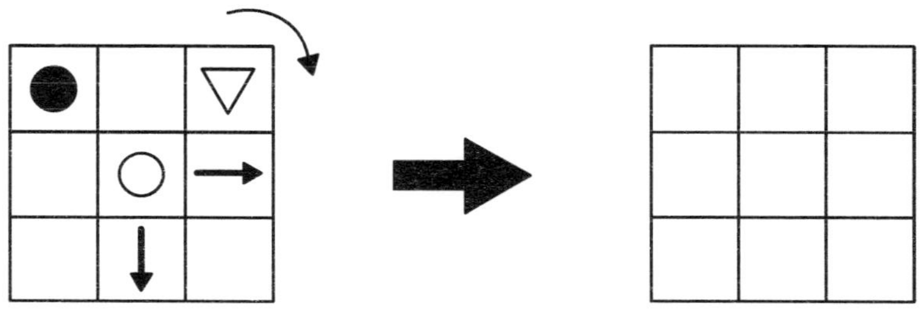

③

④

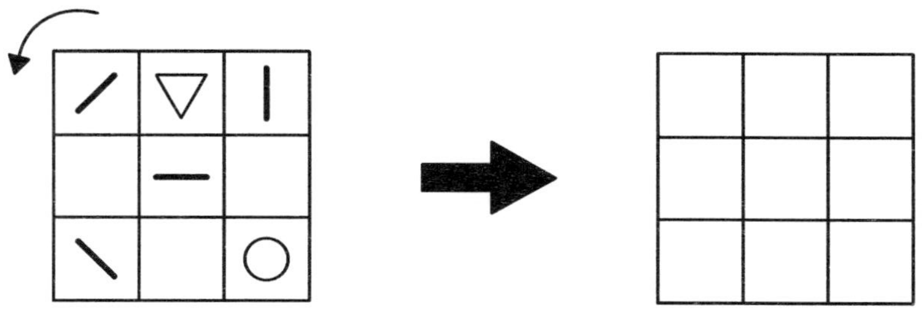

⑤

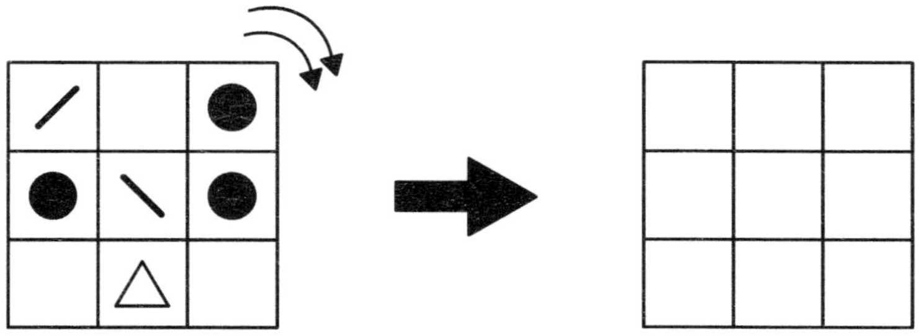

⑥

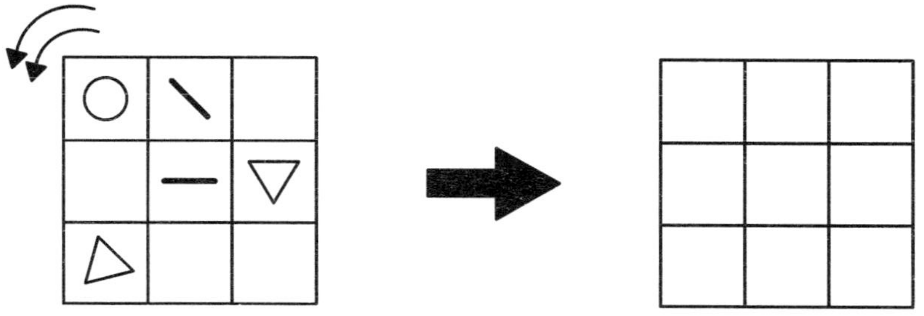

⑦

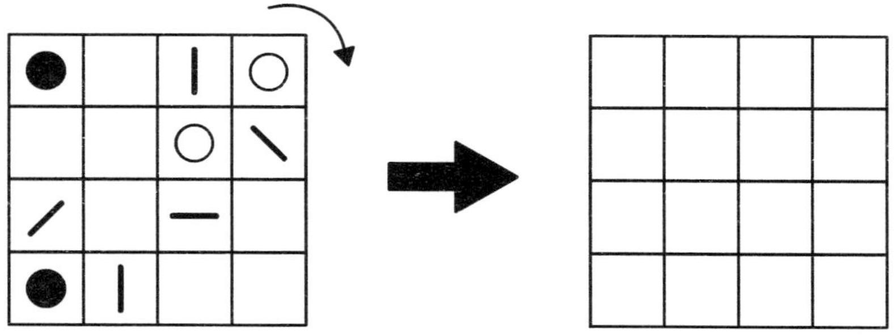

問題３７－１

①

②

③

問題３７－２

④

⑤

⑥

⑦

問題３８

問題39

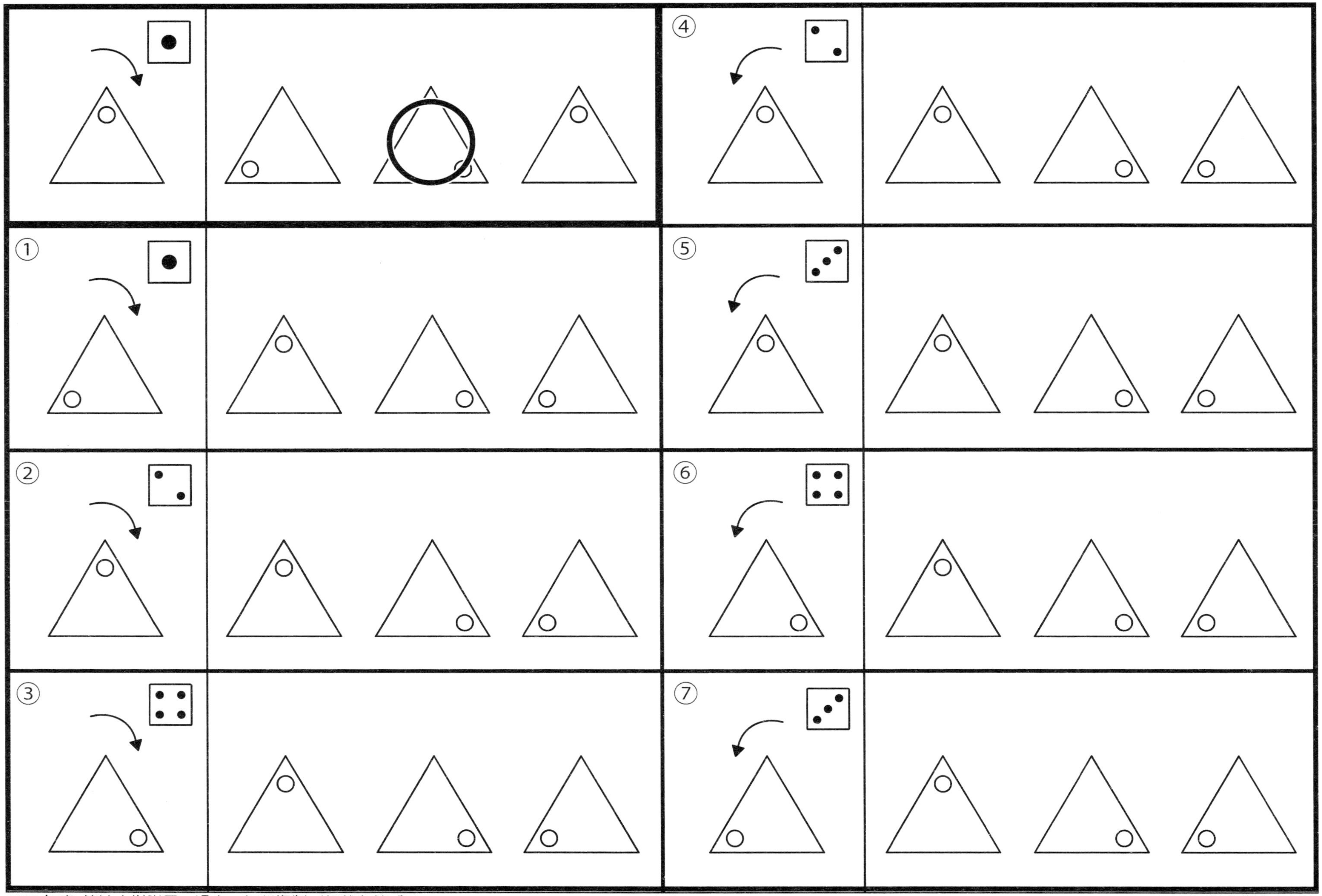

①

②

③

④

⑤

⑥

⑦

問題40－1

①

②

③

④

⑤

⑥

⑦

問題４０－２

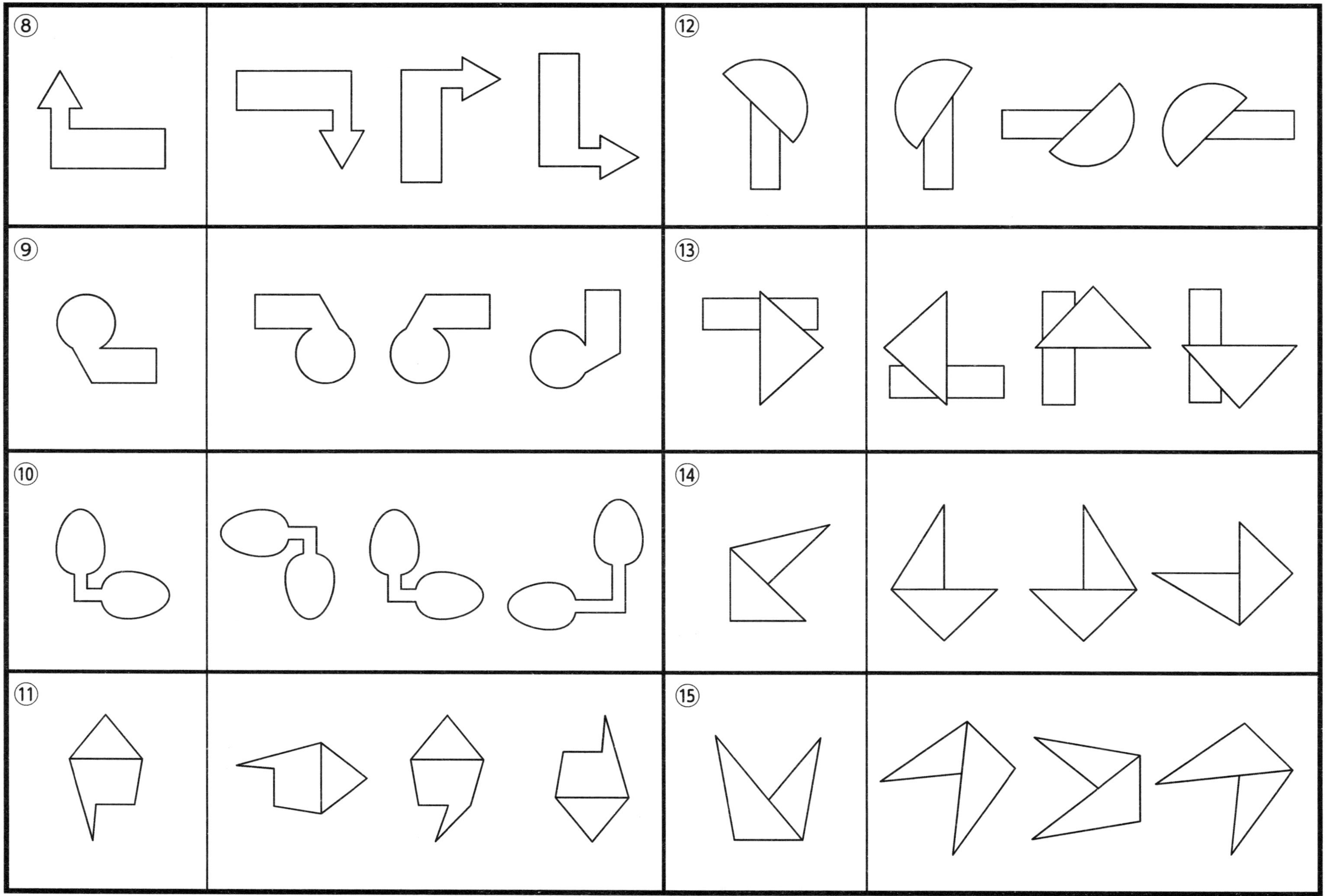

⑧

⑨

⑩

⑪

⑫

⑬

⑭

⑮

問題４１

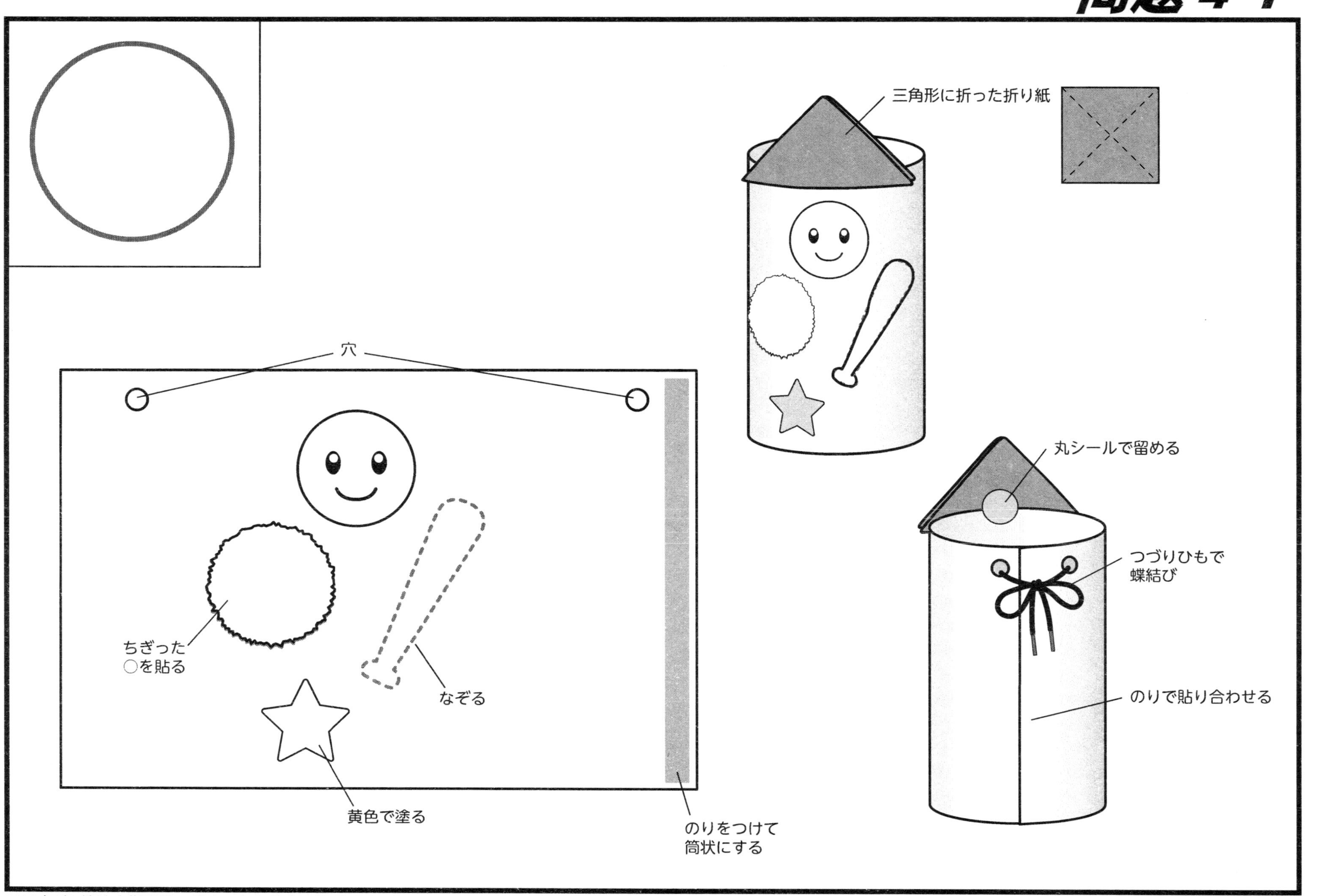
穴
ちぎった
○を貼る
なぞる
黄色で塗る
のりをつけて
筒状にする
三角形に折った折り紙
丸シールで留める
つづりひもで
蝶結び
のりで貼り合わせる

問題４２

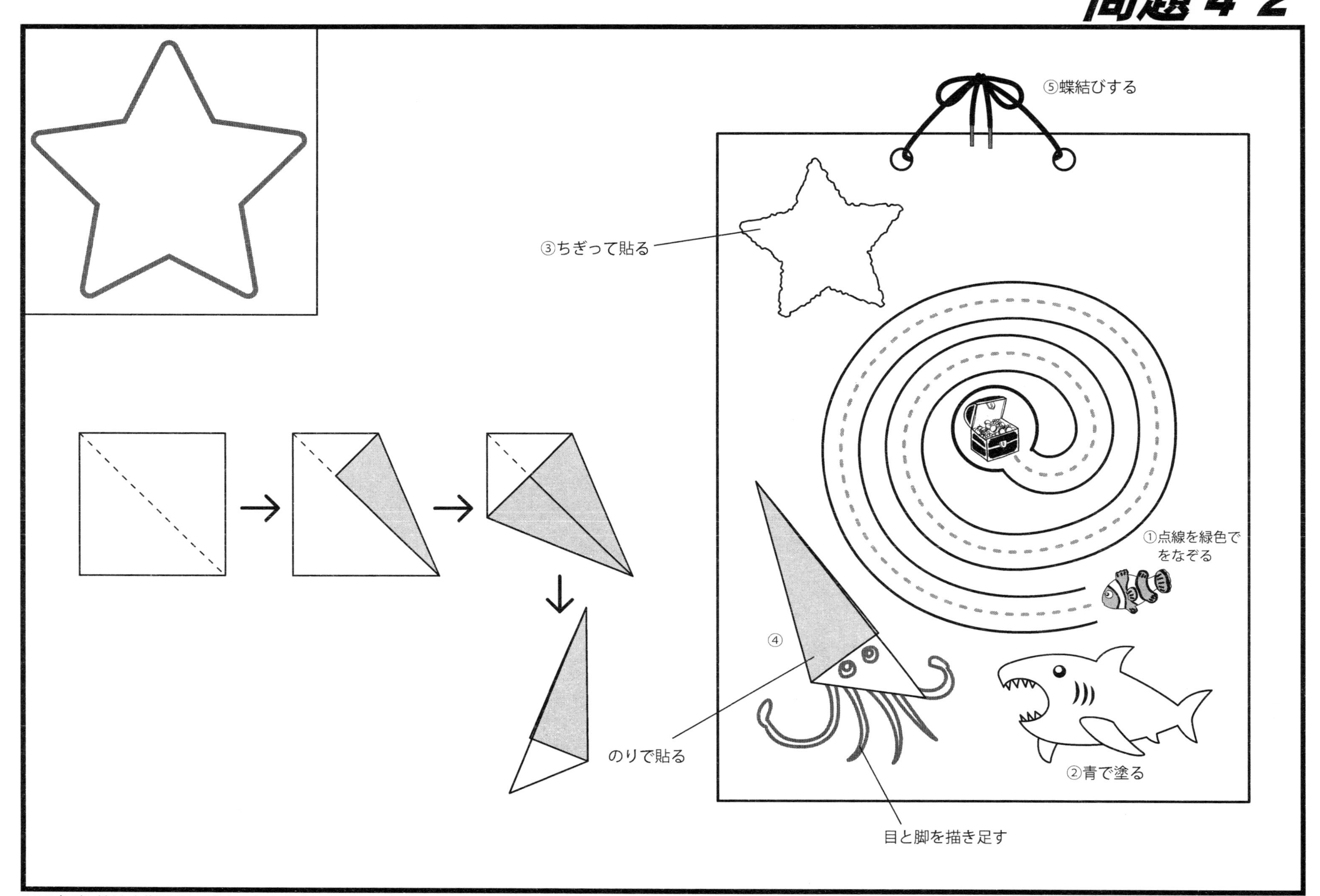

問題４３

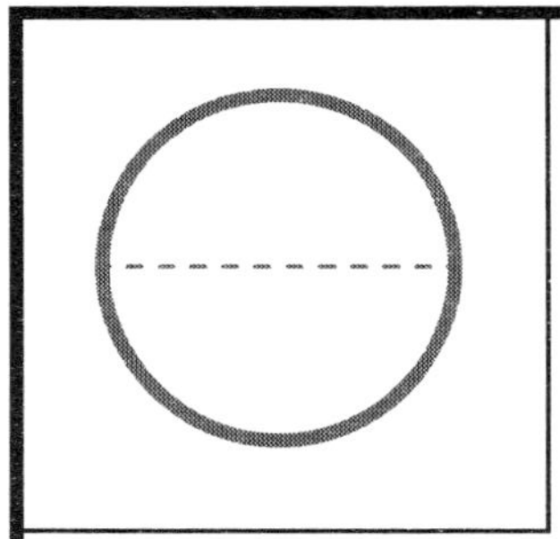

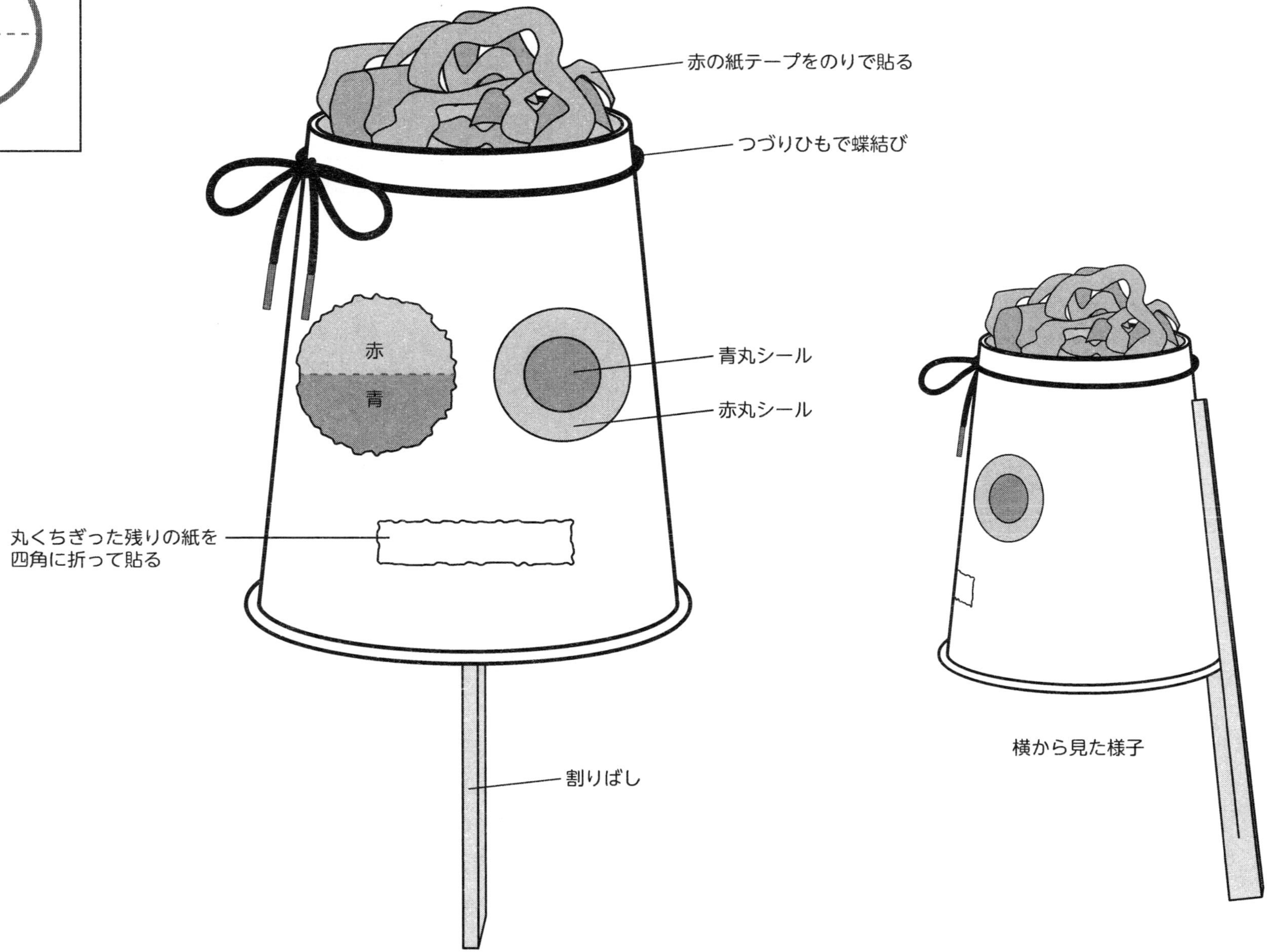

赤の紙テープをのりで貼る
つづりひもで蝶結び
赤
青
青丸シール
赤丸シール
丸くちぎった残りの紙を
四角に折って貼る
割りばし
横から見た様子

問題44

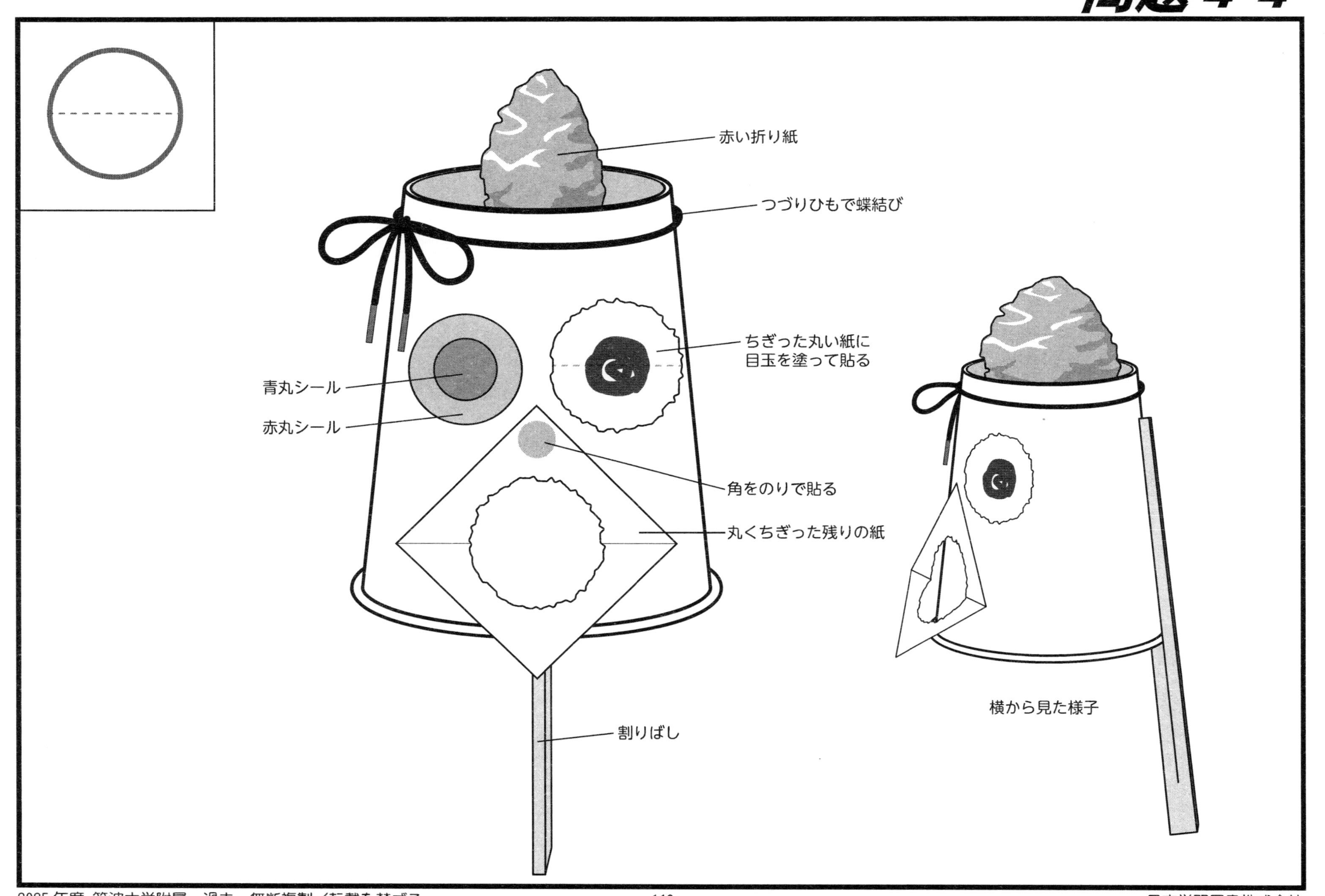
赤い折り紙
つづりひもで蝶結び
ちぎった丸い紙に
目玉を塗って貼る
青丸シール
赤丸シール
角をのりで貼る
丸くちぎった残りの紙
割りばし
横から見た様子

問題４５

蝶結びする

1 2 3 4 5 6 7
8 9 10 11 12 13 14
15 16 17 18 19 20 21
22 23 24 25 26 27 28
29 30

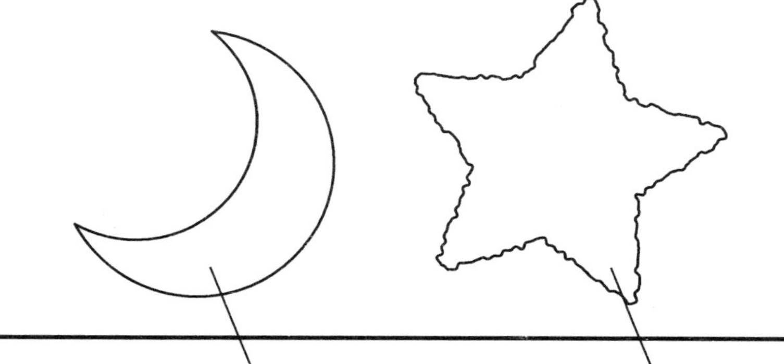
黄色で塗る
ちぎって貼る

問題４６

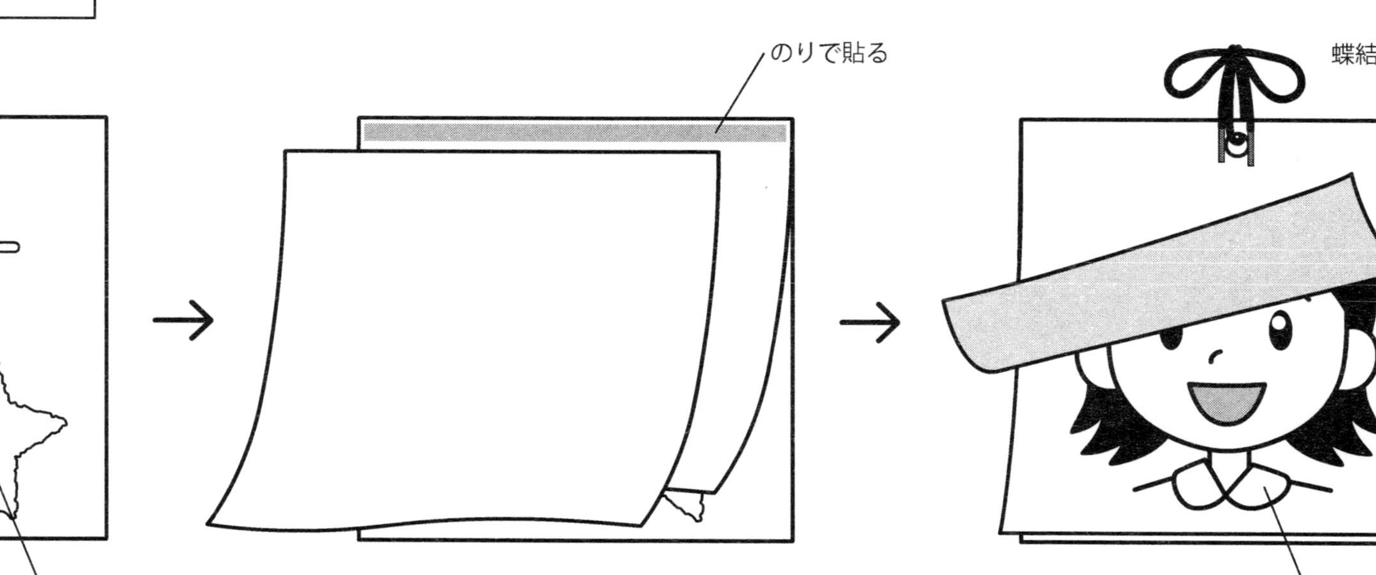

問題４７

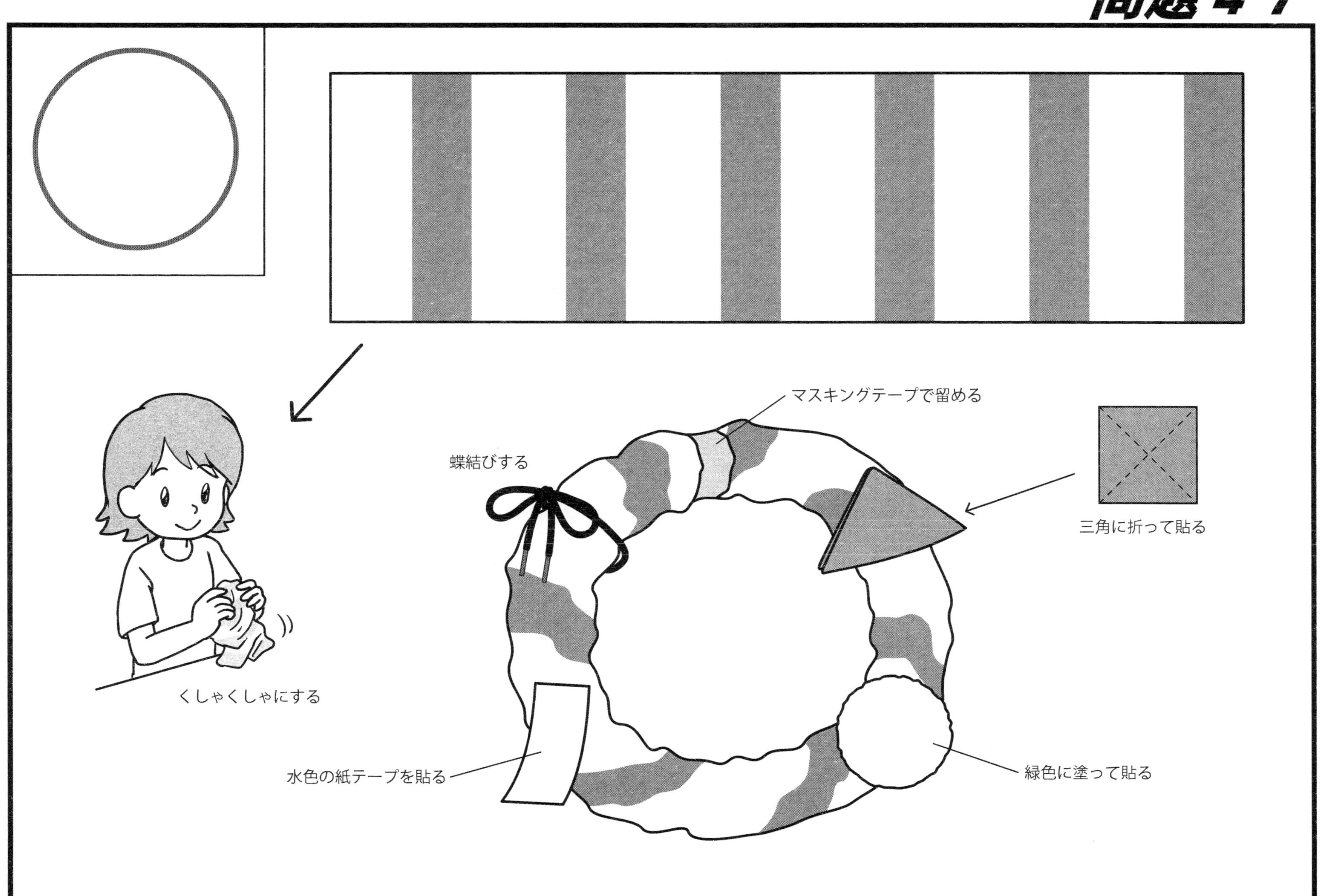

マスキングテープで留める
蝶結びする
三角に折って貼る
くしゃくしゃにする
水色の紙テープを貼る
緑色に塗って貼る

図書カード1000円分プレゼント

ご記入日　　　年　月　日

☆国・私立小学校受験アンケート☆

※可能な範囲でご記入下さい。選択肢は○で囲んで下さい。

〈小学校名〉＿＿＿＿＿＿＿＿　〈お子さまの性別〉男・女　〈誕生月〉＿＿月

〈その他の受験校〉（複数回答可）＿＿＿＿＿＿＿＿

〈受験日〉①：＿＿月＿＿日〈時間〉＿＿時＿＿分　～　＿＿時＿＿分

②：＿＿月＿＿日〈時間〉＿＿時＿＿分　～　＿＿時＿＿分

〈受験者数〉男女計＿＿名（男子＿＿名　女子＿＿名）

〈お子さまの服装〉＿＿＿＿＿＿＿＿

〈入試全体の流れ〉（記入例）準備体操→行動観察→ペーパーテスト

＿＿＿＿＿＿＿＿

Ｅメールによる情報提供

日本学習図書では、Ｅメールでも入試情報を募集しております。

下記のアドレスに、アンケートの内容をご入力の上、メールをお送り下さい。

ojuken@nichigaku.jp

●行動観察　（例）好きなおもちゃで遊ぶ・グループで協力するゲームなど

〈実施日〉＿＿月＿＿日〈時間〉＿＿時＿＿分　～　＿＿時＿＿分〈着替え〉□有　□無

〈出題方法〉□肉声　□録音　□その他（　　　　　）〈お手本〉□有　□無

〈試験形態〉□個別　□集団（　　　人程度）

〈会場図〉

〈内容〉

□自由遊び

＿＿＿＿＿＿＿＿

□グループ活動

＿＿＿＿＿＿＿＿

□その他

＿＿＿＿＿＿＿＿

●運動テスト（有・無）　（例）跳び箱・チームでの競争など

〈実施日〉＿＿月＿＿日〈時間〉＿＿時＿＿分　～　＿＿時＿＿分〈着替え〉□有　□無

〈出題方法〉□肉声　□録音　□その他（　　　　　）〈お手本〉□有　□無

〈試験形態〉□個別　□集団（　　　人程度）

〈会場図〉

〈内容〉

□サーキット運動

□走り　□跳び箱　□平均台　□ゴム跳び

□マット運動　□ボール運動　□なわ跳び

□クマ歩き

□グループ活動＿＿＿＿＿＿＿＿

□その他＿＿＿＿＿＿＿＿

●知能テスト・口頭試問

〈実施日〉 ＿＿月＿＿日 〈時間〉 ＿＿時＿＿分 ～ ＿＿時＿＿分 〈お手本〉□有 □無

〈出題方法〉 □肉声 □録音 □その他（　　　　　　） 〈問題数〉 ＿＿枚 ＿＿問

分野	方法	内　容	詳 細・イ ラ ス ト
(例) お話の記憶	☑筆記 □口頭	動物たちが待ち合わせをする話	（あらすじ） 動物たちが待ち合わせをした。最初にウサギさんが来た。次にイヌくんが、その次にネコさんが来た。最後にタヌキくんが来た。 （問題・イラスト） ３番目に来た動物は誰か
お話の記憶	□筆記 □口頭		（あらすじ） （問題・イラスト）
図形	□筆記 □口頭		
言語	□筆記 □口頭		
常識	□筆記 □口頭		
数量	□筆記 □口頭		
推理	□筆記 □口頭		
その他	□筆記 □口頭		

●制作　（例）ぬり絵・お絵かき・工作遊びなど

〈実施日〉　月　日 〈時間〉　時　分　～　時　分

〈出題方法〉 □肉声 □録音 □その他（　　　） 〈お手本〉□有 □無

〈試験形態〉 □個別 □集団（　　人程度）

材料・道具	制作内容
□ハサミ □のり（□つぼ □液体 □スティック） □セロハンテープ □鉛筆 □クレヨン（　色） □クーピーペン（　色） □サインペン（　色）□ □画用紙（□ A4 □ B4 □ A3 □その他：　　　） □折り紙 □新聞紙 □粘土 □その他（　　　）	□切る □貼る □塗る □ちぎる □結ぶ □描く □その他（　　　） タイトル：＿＿＿＿＿＿＿＿

●面接

〈実施日〉　月　日 〈時間〉　時　分　～　時　分 〈面接担当者〉＿＿名

〈試験形態〉□志願者のみ（　）名 □保護者のみ □親子同時 □親子別々

〈質問内容〉

□志望動機　□お子さまの様子

□家庭の教育方針

□志望校についての知識・理解

□その他（　　　）

（詳　細）

・

・

・

・

※試験会場の様子をご記入下さい。

例
校長先生　教頭先生
㊫　㋙　㊭
出入口

●保護者作文・アンケートの提出（有・無）

〈提出日〉 □面接直前 □出願時 □志願者考査中 □その他（　　　）

〈下書き〉 □有 □無

〈アンケート内容〉

（記入例）当校を志望した理由はなんですか（150 字）

日本学習図書株式会社

●説明会（□有　□無）〈開催日〉＿＿月＿＿日〈時間〉＿＿時＿＿分＿＿～＿＿時＿＿分

〈上履き〉　□要　□不要　〈願書配布〉　□有　□無　〈校舎見学〉　□有　□無

〈ご感想〉

●参加された学校行事（複数回答可）

公開授業〈開催日〉＿＿月＿＿日〈時間〉＿＿時＿＿分＿＿～＿＿時＿＿分

運動会など〈開催日〉＿＿月＿＿日〈時間〉＿＿時＿＿分＿＿～＿＿時＿＿分

学習発表会・音楽会など〈開催日〉＿＿月＿＿日〈時間〉＿＿時＿＿分＿＿～＿＿時＿＿分

〈ご感想〉

※是非参加したほうがよいと感じた行事について

●受験を終えてのご感想、今後受験される方へのアドバイス

※対策学習（重点的に学習しておいた方がよい分野）、当日準備しておいたほうがよい物など

＊＊＊＊＊＊＊＊＊＊＊＊　ご記入ありがとうございました　＊＊＊＊＊＊＊＊＊＊＊＊

必要事項をご記入の上、ポストにご投函ください。

なお、本アンケートの送付期限は入試終了後３ヶ月とさせていただきます。また、入試に関する情報の記入量が当社の基準に満たない場合、謝礼の送付ができないことがございます。あらかじめご了承ください。

ご住所：〒＿＿＿＿＿＿＿＿＿＿＿＿＿＿＿＿＿＿＿＿

お名前：＿＿＿＿＿＿＿＿＿＿　メール：＿＿＿＿＿＿＿＿＿＿

TEL：＿＿＿＿＿＿＿＿＿＿　FAX：＿＿＿＿＿＿＿＿＿＿

アンケートのご記入ありがとうございました

分野別 小学入試練習帳 ジュニアウォッチャー

1．点・線図形	小学校入試で出題頻度の高い『点・線図形』の模写を、難易度の低いものから段階別に幅広く練習することができるように構成。
2．座標	図形の位置模写という作業を、難易度の低いものから段階別に練習できるように構成。
3．パズル	様々なパズルの問題を難易度の低いものから段階別に練習できるように構成。
4．同図形探し	小学校入試で出題頻度の高い、同図形選びの問題を繰り返し練習できるように構成。
5．回転・展開	図形などを回転、または展開したとき、形がどのように変化するかを学習し、理解を深められるように構成。
6．系列	数、図形などの様々な系列問題を、難易度の低いものから段階別に練習できるように構成。
7．迷路	迷路の問題を繰り返し練習できるように構成。
8．対称	対称に関する問題を４つのテーマに分類し、各テーマごとに問題を段階別に練習できるように構成。
9．合成	図形の合成に関する問題を、難易度の低いものから段階別に練習できるように構成。
10．四方からの観察	もの（立体）を様々な角度から見て、どのように見えるかを推理する問題を段階別に整理し、１つの形式で複数の問題を練習できるように構成。
11．いろいろな仲間	ものや動物、植物の共通点を見つけ、分類していく問題を中心に構成。
12．日常生活	日常生活における様々な問題を６つのテーマに分類し、各テーマごとに一つの問題形式で複数の問題を練習できるように構成。
13．時間の流れ	『時間』に着目し、様々なものごとは、時間が経過するとどのように変化するのかということを学習し、理解できるように構成。
14．数える	様々なものを『数える』ことから、数の多少の判定やかけ算、わり算の基礎までを練習できるように構成。
15．比較	比較に関する問題を５つのテーマ（数、高さ、長さ、量、重さ）に分類し、各テーマごとに問題を段階別に練習できるように構成。
16．積み木	数える対象を積み木に限定した問題集。
17．言葉の音遊び	言葉の音に関する問題を５つのテーマに分類し、各テーマごとに問題を段階別に練習できるように構成。
18．いろいろな言葉	表現力をより豊かにするいろいろな言葉として、擬態語や擬声語、同音異義語、反意語、数詞を取り上げた問題集。
19．お話の記憶	お話を聴いてその内容を記憶、理解し、設問に答える形式の問題集。
20．見る記憶・聴く記憶	「見て憶える」「聴いて憶える」という『記憶』分野に特化した問題集。
21．お話作り	いくつかの絵を元にしてお話を作る練習をして、想像力を養うことができるように構成。
22．想像画	描かれてある形や景色に好きな絵を描くことにより、想像力を養うことができるように構成。
23．切る・貼る・塗る	小学校入試で出題頻度の高い、はさみやのりなどを用いた巧緻性の問題を繰り返し練習できるように構成。
24・絵画	小学校入試で出題頻度の高い、お絵かきやぬり絵などクレヨンやクーピーペンを用いた巧緻性の問題を繰り返し練習できるように構成。
25．生活巧緻性	小学校入試で出題頻度の高い日常生活の様々な場面における巧緻性の問題集。
26．文字・数字	ひらがなの清音、濁音、拗音、拗長音、促音と１～20までの数字に焦点を絞り、練習できるように構成。
27．理科	小学校入試で出題頻度が高くなりつつある理科の問題を集めた問題集。
28．運動	出題頻度の高い運動問題を種目別に分けて構成。
29．行動観察	項目ごとに問題提起をし、「このような時はどうか、あるいはどう対処するのか」の観点から問いかける形式の問題集。
30．生活習慣	学校から家庭に提起された問題と思って、一問一問絵を見ながら話し合い、考える形式の問題集。

31．推理思考	数、量、言語、常識（含理科、一般）など、諸々のジャンルから問題を構成し、近年の小学校入試問題傾向に沿って構成。
32．ブラックボックス	箱や筒の中を通ると、どのようなお約束でどのように変化するかを推理・思考する問題集。
33．シーソー	重さの違うものをシーソーに乗せた時どちらに傾くのか、またどうすればシーソーは釣り合うのかを思考する基礎的な問題集。
34．季節	様々な行事や植物などを季節別に分類できるように知識をつける問題集。
35．重ね図形	小学校入試で頻繁に出題されている「図形を重ね合わせてできる形」についての問題を集めました。
36．同数発見	様々な物を数え「同じ数」を発見し、数の多少の判断や数の認識の基礎を学べるように構成した問題集。
37．選んで数える	数の学習の基本となる、いろいろなものの数を正しく数える学習を行う問題集。
38．たし算・ひき算１	数字を使わず、たし算とひき算の基礎を身につけるための問題集。
39．たし算・ひき算２	数字を使わず、たし算とひき算の基礎を身につけるための問題集。
40．数を分ける	数を等しく分ける問題です。等しく分けたときに余りが出るものもあります。
41．数の構成	ある数がどのような数で構成されているか学んでいきます。
42．一対多の対応	一対一の対応から、一対多の対応まで、かけ算の考え方の基礎学習を行います。
43．数のやりとり	あげたり、もらったり、数の変化をしっかりと学びます。
44．見えない数	指定された条件から数を導き出します。
45．図形分割	図形の分割に関する問題集。パズルや合成の分野にも通じる様々な問題を集めました。
46．回転図形	「回転図形」に関する問題集。やさしい問題から始め、いくつかの代表的なパターンから、段階を踏んで学習できるよう編集されています。
47．座標の移動	「マス目の指示通りに移動する問題」と「指示された数だけ移動する問題」を収録。
48．鏡図形	鏡で左右反転させた時の見え方を考えます。平面図形から立体図形、文字、絵まで。
49．しりとり	すべての学習の基礎となる「言葉」を学ぶこと、特に「語彙」を増やすことに重点をおき、さまざまなタイプの「しりとり」問題を集めました。
50．観覧車	観覧車やメリーゴーラウンドなどを舞台にした「回転系列」の問題集。「推理思考」分野の問題ですが、要素として「図形」や「数量」も含みます。
51．運筆①	鉛筆の持ち方を学び、点線なぞり、お手本を見ながらの模写で、線を引く練習をします。
52．運筆②	運筆①からさらに発展し、「欠所補完」や「迷路」などを楽しみながら、より複雑な鉛筆運びを習得することを目指します。
53．四方からの観察 積み木編	積み木を使用した「四方からの観察」に関する問題を練習できるように構成。
54．図形の構成	見本の図形がどのような部分によって形づくられているかを考えます。
55．理科②	理科的知識に関する問題を集中して練習する「常識」分野の問題集。
56．マナーとルール	道路や駅、公共の場でのマナー、安全や衛生に関する常識を学べるように構成。
57．置き換え	さまざまな具体的・抽象的事象を記号で表す「置き換え」の問題を扱います。
58．比較②	長さ・高さ・体積・数などを数学的な知識を使わず、論理的に推測する「比較」の問題を練習できるように構成。
59．欠所補完	線と線のつながり、欠けた絵に当てはまるものなどを求める「欠所補完」に取り組める問題集です。
60．言葉の音（おん）	しりとり、決まった順番の音をつなげるなど、「言葉の音」に関する問題に取り組める練習問題集です。

『読み聞かせ』×『質問』＝『聞く力』

お話の記憶の練習に最適

1話5分の 読み聞かせお話集①②

「アラビアン・ナイト」「アンデルセン童話」「イソップ寓話」「グリム童話」、日本や各国の民話、昔話、偉人伝の中から、教育的な物語や、過去に小学校入試でも出題された有名なお話を中心に掲載。お話ごとに、内容に関連したお子さまへの質問も掲載しています。「読み聞かせ」を通して、お子さまの『聞く力』を伸ばすことを目指します。　①巻・②巻　各48話

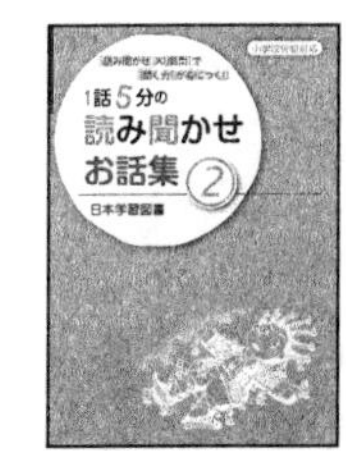

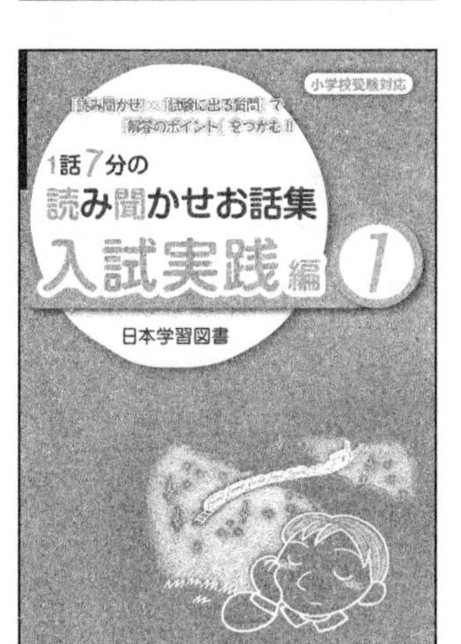

1話7分の読み聞かせお話集 入試実践編①

最長1,700文字の長文のお話を掲載。有名でない＝「聞いたことのない」お話を聞くことで、『集中力』のアップを目指します。設問も、実際の試験を意識した設問としています。ペーパーテスト実施校の多くが「お話の記憶」の問題を出題します。毎日の「読み聞かせ」と「試験に出る質問」で、「解答のポイント」をつかんで臨みましょう！　50話収録

ニチガクの この5冊で受験準備も万全！

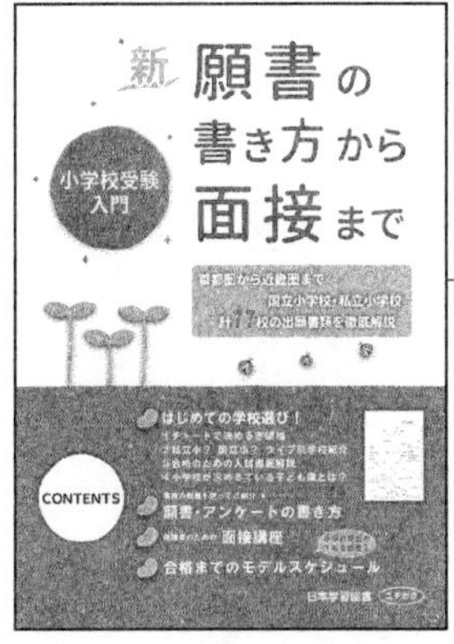

小学校受験入門 願書の書き方から面接まで リニューアル版

主要私立・国立小学校の願書・面接内容を中心に、学校選びや入試の分野傾向、服装コーディネート、持ち物リストなども網羅し、受験準備全体をサポートします。

小学校受験で 知っておくべき 125のこと

小学校受験の基本から怪しい「ウワサ」まで、保護者の方々からの125の質問にていねいに解答。目からウロコのお受験本。

新　小学校受験の 入試面接Q＆A リニューアル版

過去十数年に遡り、面接での質問内容を網羅。小学校別、父親・母親・志願者別、さらに学校のこと・志望動機・お子さまについてなど分野ごとに模範解答例やアドバイスを掲載。

新　願書・アンケート 文例集500 リニューアル版

有名私立小、難関国立小の願書やアンケートに記入するための適切な文例を、質問の項目別に収録。合格を掴むためのヒントが満載！願書を書く前に、ぜひ一度お読みください。

小学校受験に関する 保護者の悩みQ＆A

保護者の方約1,000人に、学習・生活・躾に関する悩みや問題を取材。その中から厳選した200例以上の悩みに、「ふだんの生活」と「入試直前」のアドバイス2本立てで悩みを解決。

日本学習図書株式会社

筑波大学附属小学校　専用注文書

年　　月　　日

合格のための問題集ベスト・セレクション

＊入試頻出分野ベスト３

1st　お話の記憶
集中力　聞く力

2nd　図　形
観察力　思考力

3rd　制　作
聞く力　話す力　創造力

受験者数は毎年、非常に数が多く、試験の内容も難易度の高い問題がそろっています。基礎をしっかり固めた上で、解くスピードも必要です。また、制作の内容も難易度が高いです。

分野	書　名	価格(税込)	注文	分野	書　名	価格(税込)	注文
図形	Ｊｒ・ウォッチャー 5「回転・展開」	1,650 円	冊	総合	筑波大学附属小学校 ステップアップ問題集	2,200 円	冊
図形	Ｊｒ・ウォッチャー 6「系列」	1,650 円	冊	図形	筑波大学附属小学校 図形攻略問題集①	2,750 円	冊
図形	Ｊｒ・ウォッチャー 8「対称」	1,650 円	冊	図形	筑波大学附属小学校 図形攻略問題集②	2,750 円	冊
図形	Ｊｒ・ウォッチャー 9「合成」	1,650 円	冊	巧緻性	筑波大学附属小学校 工作攻略問題集	2,750 円	冊
記憶	Ｊｒ・ウォッチャー 19「お話の記憶」	1,650 円	冊	総合	新 筑波大学附属小学校 集中特訓問題集	2,750 円	冊
巧緻性	Ｊｒ・ウォッチャー 23「切る・貼る・塗る」	1,650 円	冊	総合	筑波大学附属小学校 想定模擬テスト問題集	2,750 円	冊
巧緻性	Ｊｒ・ウォッチャー 25「生活巧緻性」	1,650 円	冊	総合	筑波大学附属小学校 ラストスパート	2,200 円	冊
観察	Ｊｒ・ウォッチャー 29「行動観察」	1,650 円	冊	作文	保護者のための筑波大学附属小学校作文対策講座	2,200 円	冊
図形	Ｊｒ・ウォッチャー 45「図形分割」	1,650 円	冊		新・小学校面接　Q&A	2,860 円	冊
巧緻性	Ｊｒ・ウォッチャー 23「切る・貼る・塗る」	1,650 円	冊		実践 ゆびさきトレーニング①②③	2,750 円	各　冊
観察	Ｊｒ・ウォッチャー 29「行動観察」	1,650 円	冊		新 願書・アンケート文例集 500	2,860 円	冊
図形	Ｊｒ・ウォッチャー 45「図形分割」	1,650 円	冊		お話の記憶　初級編	2,860 円	冊
図形	Ｊｒ・ウォッチャー 46「回転図形」	1,650 円	冊		お話の記憶　中級編・上級編	2,200 円	各　冊
常識	Ｊｒ・ウォッチャー 56「マナーとルール」	1,650 円	冊		1話5分の読み聞かせお話集①・②	1,980 円	各　冊

合計	冊	円

（フリガナ） 氏　名	電　話 ＦＡＸ E-mail
住 所　〒　　　－	以前にご注文されたことはございますか。 有　・　無

★お近くの書店、または記載の電話・FAX・ホームページにてご注文をお受けしております。
電話：03-5261-8951　FAX：03-5261-8953　代金は書籍合計金額＋送料がかかります。
※なお、落丁・乱丁以外の理由による商品の返品・交換には応じかねます。

★ご記入頂いた個人に関する情報は、当社にて厳重に管理致します。なお、ご購入の商品発送の他に、当社発行の書籍案内、書籍に関する調査に使用させて頂く場合がございますので、予めご了承ください。

日本学習図書株式会社
https://www.nichigaku.jp

家庭学習をトータルサポート！ ニチガクのオリジナル 効果的 学習法

1 まずは アドバイスページを読む！

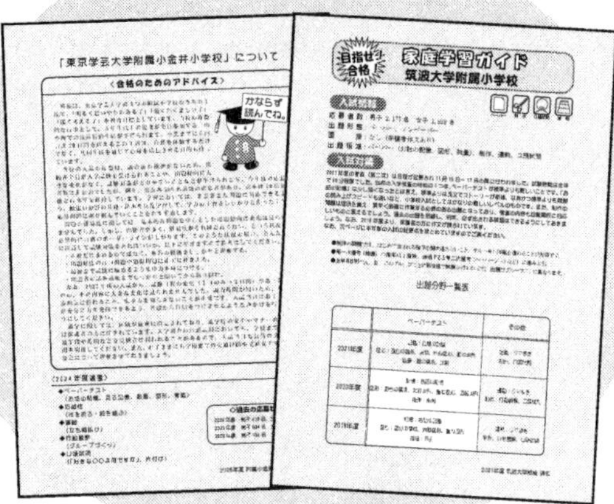

対策や試験ポイントがぎっしりつまった「家庭学習ガイド」。分野アイコンで、試験の傾向をおさえよう！

2 問題をすべて読み、出題傾向を把握する

3 「アドバイス」で学校側の観点や問題の解説を熟読

4 はじめて過去問題にチャレンジ！

5 プラスα 対策問題集や類題で力を付ける

過去問のこだわり

ピンク色です

最新問題は問題ページ、イラストページ、解答・解説ページが独立しており、お子さまにすぐに取り掛かっていただける作りになっています。
ニチガクの学校別問題集ならではの、学習法を含めたアドバイスを利用して効率のよい家庭学習を進めてください。

各問題のジャンル

問題4 分野：系列

〈準備〉 クーピーペン（赤）

〈問題〉 左側に並んでいる3つの形を見てください。真ん中の抜けているところには右側のどの四角が入ると繋がるでしょうか。右側から探して○を付けてください。

〈時間〉 30秒

〈解答〉 ①真ん中 ②右 ③左

アドバイス

複雑な系列の問題です。それぞれの問題がどのような約束で構成されているのか確認をしましょう。この約束が理解できていないと問題を解くことができません。また、約束を見つけるとき、一つの視点、考えに固執するのではなく、色々と着眼点を変えてとらえるようにすることで発見しやすくなります。この問題では、①と②は中の模様が右の方へまっすぐ1つずつ移動しています。③は4つの矢印が右の方へ回転して1つずつ移動しています。それぞれ移動のし方が違うことに気が付きましたでしょうか。系列にも様々な出題がありますので、このような系列の問題も学習しておくことをおすすめ致します。系列の問題は、約束を早く見つけることがポイントです。

【おすすめ問題集】
Ｊｒ・ウォッチャー６「系列」

アドバイス

各問題の解説や学校の観点、指導のポイントなどを教えます。
今日から保護者の方が家庭学習の先生に！

おすすめ対策問題集

分野ごとに対策問題集をご紹介。苦手分野の克服に最適です！
＊専用注文書付き。

2025年度版 筑波大学附属小学校 過去問題集

発行日 2024年5月20日
発行所 〒162-0821 東京都新宿区津久戸町 3-11-9F
日本学習図書株式会社
電　話 03-5261-8951 ㈹

ISBN978-4-7761-5571-3

C6037 ¥2100E

定価 2,310円
（本体 2,100円＋税 10%）

詳細は https://www.nichigaku.jp 日本学習図書 検索